J新書 26

夢を抱け　前を向け　心奮い立たせよ
世界のトップアスリート英語名言集

Powerful Quotes from Athletes and Coaches

デイビッド・セイン
David A. Thayne

佐藤　淳子
Sato Junko

Jリサーチ出版

はじめに

> アスリートの姿に心を打たれるのはなぜでしょうか。彼らは、自分もしくはチームの勝利のためにひたすら走り、泳ぎ、跳び、ボールを追いかけ、投げ、打ち、蹴っているだけです。それはいわば自己実現の行為です。それなのに人はそれを見て興奮し、拍手をし、ときに涙します。おそらく人は、人が頑張る姿に心を動かされるものなのでしょう。そしてスポーツは、その姿が最も見えやすいものなのかもしれません。

2011年3月、日本は未曾有の大震災に見舞われました。その年の夏、国中が大きな悲しみと衝撃から抜け出せずにいる中、大きな勇気と元気を与えてくれたのが、不屈の精神で格上のチームを次々と倒し、FIFA女子ワールドカップで優勝を果たした「なでしこジャパン」の選手たちでした。大きな自然災害や戦争など国が危機的状況にあるとき、スポーツは無力かもしれません。でも、やがて人々が力を振り絞って歩み出したとき、アスリートたちはその背中を押す存在になります。それほどスポーツは力をもつものなのです。

本書では、そんなスポーツの世界で戦うアスリートたちの珠玉の言葉を集めました。彼らはどう葛藤し、自らを鼓舞し、逆境を乗り越えているのか。頂点に立ったときにどのような境地に至り、人生と重ね合わせて何を考えたのか。英語表現の面白さとともに、それぞれの言葉に込められた思いをくみとってください。アスリートならではの気持ち良いストレートな表現もあれば、自己と向き合ったからこそ生まれた奥深い表現もあります。プロフィールと合わせてお読みいただけば、より味わいは深まるでしょう。

　本書の中に人生に寄り添う言葉をひとつでも見つけていただければ、これに勝る喜びはありません。

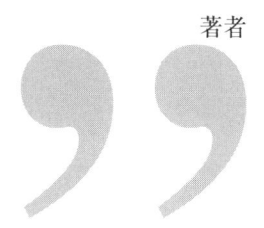

著者

CONTENTS

はじめに	2
本書の利用法	8
本書で使われる用語について	9
[参考] オリンピック（五輪）開催年／開催地 一覧	10

Chapter 1
励む Practice　　　　11

写真エピソード：マイケル・フェルプス　　　　12

◆ 名言収録アスリート
モーリス・グリーン／フローレンス・グリフィス＝ジョイナー／モハメド・ファラー／セレーナ・ウィリアムズ／ルー・ホルツ／ペレ／ウェイン・グレツキー／ヴィンス・ロンバルディ　他

Chapter 2
向上する Progress　　　　27

写真エピソード：エレーナ・イシンバエワ　　　　28

◆ 名言収録アスリート
マイケル・フェルプス／タイガー・ウッズ／デイブ・スコット／ボー・ジャクソン／ジョン・ウドゥン／マイケル・ジョンソン／シャキール・オニール／グレッグ・ノーマン　他

Chapter 3
信念をもつ Believe　　　　41

写真エピソード：エフゲニー・プルシェンコ　　　　42

◆ 名言収録アスリート
モハメド・アリ／ルー・ブロック／フローレンス・グリフィス＝ジョイナー／トミー・ラソーダ／ジョー・ネイマス／ヴィーナス・ウィリアムス／アレン・アイバーソン／ホーマー・ライス　他

Chapter 4
勝負する Challenge　　　　　　　　　　　　　　　　　　55
写真エピソード：ウサイン・ボルト　　　　　　　　　　　　　56

◆ 名言収録アスリート
イアン・ソープ／カール・ルイス／ヴィーナス・ウィリアムス／デヴィット・プリート／アンドレ・アガシ／ロナウド／ジャック・ニクラウス／ピート・サンプラス／マイケル・チャン　他

Chapter 5
挑む Attempt　　　　　　　　　　　　　　　　　　　　73
写真エピソード：ダイアナ・ナイアド　　　　　　　　　　　　74

◆ 名言収録アスリート
ケヴィン・ガーネット／ダイアナ・ナイアド／アーサー・アッシュ／ウェイン・グレツキー／マイク・タイソン／ペイトン・マニング／アーノルド・パーマー　他

Chapter 6
頂点に立つ Triumph　　　　　　　　　　　　　　　　　83
写真エピソード：なでしこジャパン　　　　　　　　　　　　84

◆ 名言収録アスリート
ラリー・バード／ジャック・デンプシー／ドット・リチャードソン／ノバク・ジョコビッチ／ビリー・ジーン・キング／モハメド・アリ／ズラタン・イブラヒモビッチ　他

Chapter 7
揺れる Manage 95
写真エピソード：デビッド・ベッカム 96

◆ 名言収録アスリート
ヴィンス・ロンバルディ／モハメド・アリ／タイガー・ウッズ／テリー・ブラッドショー／スコッティ・ボウマン／ルー・ホルツ／レジー・ジャクソン／アーセン・ベンゲル　他

Chapter 8
乗り越える Overcome 107
写真エピソード：ジョアニー・ロシェット 108

◆ 名言収録アスリート
モハメド・アリ／マイケル・ジョーダン／シュテフィ・グラフ／ライアン・ホール／モーリス・グリーン／コビー・ブライアント／ランス・アームストロング／ミア・ハム　他

Chapter 9
共に戦う Cooperate 123
写真エピソード：ロサンゼルス・レイカーズ 124

◆ 名言収録アスリート
ヴィンス・ロンバルディ／フレッド・シェロ／マイケル・ジョーダン／マジック・ジョンソン／ポール・ベア・ブライアント／ベイブ・ディトリクソン・ザハリアス／ベーブ・ルース　他

Chapter 10
楽しむ Enjoy 135

写真エピソード：高橋尚子 136

◆ 名言収録アスリート
ジャッキー・ジョイナー・カーシー／アレックス・ロドリゲス／ハンク・アーロン／ケン・グリフィー・ジュニア／テッド・ウィリアムス／ロイ・キャンパネラ／デニス・ベルカンプ　他

Chapter 11
決断する Decide 147

写真エピソード：マイケル・ジョーダン 148

◆ 名言収録アスリート
マイケル・ジョーダン／トー・ブレイク／クルム伊達公子／ウィリー・メイズ／イアン・ソープ／ヨギ・ベラ　他

Chapter 12
人生を考える Evolve 155

写真エピソード：シアトル・マリナーズ 156

◆ 名言収録アスリート
ベーブ・ルース／クリスティ・ヤマグチ／マルチナ・ナブラチロワ／サッチェル・ペイジ／マイケル・ジョンソン／ヴィンス・ロンバルディ／ケヴィン・ガーネット　他

参考資料	167
INDEX	170

本書の利用法

本書は世界で活躍するアスリートやコーチ135人の226の英語名言を集めた1冊です。心に響く珠玉の言葉をテーマごとに紹介します。

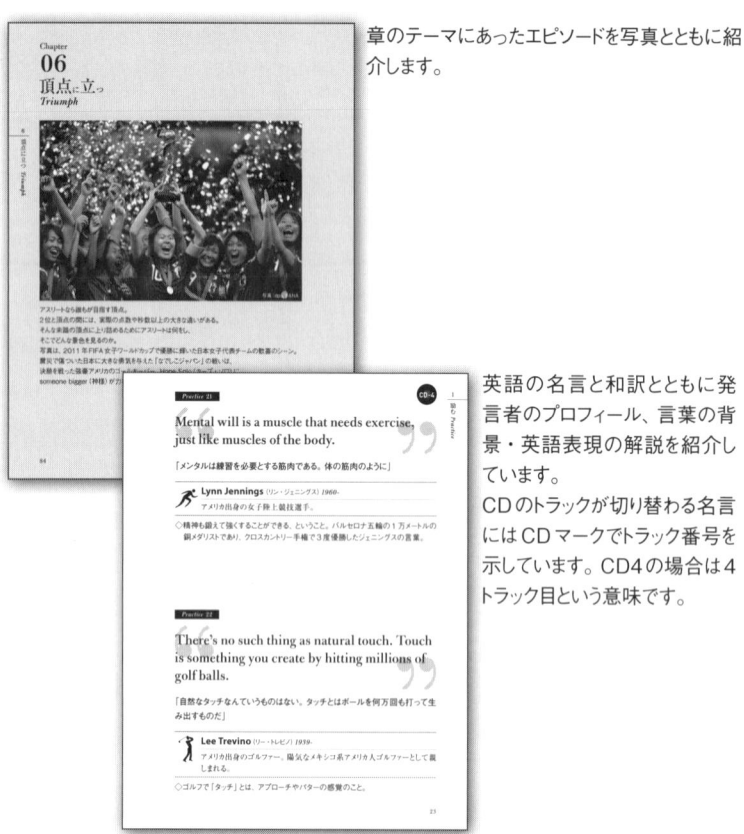

章のテーマにあったエピソードを写真とともに紹介します。

英語の名言と和訳とともに発言者のプロフィール、言葉の背景・英語表現の解説を紹介しています。
CDのトラックが切り替わる名言にはCDマークでトラック番号を示しています。CD4の場合は4トラック目という意味です。

CDについて
耳からも名言が堪能できるよう、すべての英語名言をCDに収録しています（英語のみ）。

本書で使われる用語について

MLB

Major League Baseball の略称。メジャーリーグまたは大リーグのこと。ナショナルリーグとアメリカンリーグがある。毎年10月に両リーグの優勝チームが**ワールドシリーズ**（World Series）で戦い、年間王者を決める。

FIFA

Fédération Internationale de Football Association の略称。国際サッカー連盟のこと。ワールドカップを主催している。サッカーの年間優秀選手賞である**バロンドール**（Ballon d'Or）を選出する機関でもある。

NBA

National Basketball Association の略称。北米のプロバスケットボールリーグのこと。北米を東西2つのカンファレンスに分け、**NBAファイナル**（NBA Final）で両カンファレンスの優勝チームが対戦し、年間王者を決める。

NFL

National Football League の略称。アメリカンフットボールのプロリーグのこと。アメリカンフットボールカンファレンス（AFC）と、ナショナルフットボールカンファレンス（NFC）があり、毎年2月の第1日曜日に両カンファレンスの優勝チームが**スーパーボウル**（Super Bowl）で対戦し、年間王者を決める。

NHL

National Hockey League の略称。アイスホッケーのプロリーグのこと。北米を東西2つのカンファレンスに分け、**スタンレーカップファイナル**（Stanley Cup Final）で両カンファレンスの優勝チームが対戦し、年間王者を決める。

グランドスラム（Grand Slam）

4大大会（全豪オープン〔Australian Open〕、全仏オープン〔The French Open〕、ウィンブルドン選手権／全英オープン〔The Championships, Wimbledon〕、全米オープン〔U.S. Open Championships〕）をすべて制覇すること。

殿堂（Hall of Fame）

野球、バスケットボール、ホッケー、ボクシングなど、その分野で優秀な業績を残した人物や団体を集めて、広く表彰する機関。殿堂入りのセレモニーで行われるスピーチは感動の名言が生まれることが多い。

本書使用アイコンについて

本書において使用しているアイコンは、各スポーツをイメージしているもので、各チーム、団体のマークとは関係ありません。

[参考] オリンピック（五輪）開催年／開催地 一覧

夏季
Summer Olympic Games

1936年	ベルリン（ドイツ）
1940年	東京（日本）※ 返上
	ヘルシンキ（フィンランド）※ 中止
1944年	ロンドン（イギリス）※ 中止
1948年	ロンドン（イギリス）
1952年	ヘルシンキ（フィンランド）
1956年	メルボルン（オーストラリア）
1960年	ローマ（イタリア）
1964年	東京（日本）
1968年	メキシコシティー（メキシコ）
1972年	ミュンヘン（西ドイツ）
1976年	モントリオール（カナダ）
1980年	モスクワ（ソ連）
1984年	ロサンゼルス（アメリカ）
1988年	ソウル（韓国）
1992年	バルセロナ（スペイン）
1996年	アトランタ（アメリカ）
2000年	シドニー（オーストラリア）
2004年	アテネ（ギリシャ）
2008年	北京（中国）
2012年	ロンドン（イギリス）
2016年	リオデジャネイロ（ブラジル）

冬季
Winter Olympic Games

1936年	ガルミッシュ・パルテンキルヘン（ドイツ）
1940年	札幌（日本）※ 中止
1944年	コルチナ・ダンペッツォ（イタリア）※ 中止
1948年	サン・モリッツ（スイス）
1952年	オスロ（ノルウェー）
1956年	コルチナ・ダンペッツォ（イタリア）
1960年	スコーバレー（アメリカ）
1964年	インスブルック（オーストリア）
1968年	グルノーブル（フランス）
1972年	札幌（日本）
1976年	インスブルック（オーストリア）
1980年	レークプラシッド（アメリカ）
1984年	サラエボ（ユーゴスラビア）
1988年	カルガリー（カナダ）
1992年	アルベールビル（フランス）
1994年	リレハンメル（ノルウェー）
1998年	長野（日本）
2002年	ソルトレークシティー（アメリカ）
2006年	トリノ（イタリア）
2010年	バンクーバー（カナダ）
2014年	ソチ（ロシア）
2018年	平昌（韓国）

Chapter 01
Practice

励む

Maurice Greene
Florence Griffith-Joyner
Carl Lewis
Michael Jordan
Serena Williams
Andre Agassi
Vince Lombardi
Wayne Gretzky
Juma Ikangaa
Lou Holtz
Todd Blackledge
Eric Lindros
Muhammad Ali
Sam Snead
Larry Bird
Joe Namath
Ken Doherty
Jean-Claude Killy
Lynn Jennings
Lee Trevino
Brooks Robinson
Herschel Walker
Roger Bannister
Mohamed Farah
Pele
Arsène Wenger

Chapter 01
励む
Practice

写真：AFP＝時事

来るべき勝負に備える長い長い時間。
アスリートたちは何を考え、何を支えに日々練習に励んでいるのか。
アテネと北京の2回の五輪で計14の金メダルを獲得するなど
他を寄せ付けない強さを見せ、「水の怪物」と呼ばれたアメリカの水泳選手
Michael Phelps（マイケル・フェルプス）は
他選手が音を上げるほどの厳しい練習を日々欠かさない。
その理由について彼は
"It's not wanting to lose, wanting to do something no one's ever done before."
（負けるのがいやなのではなく、誰もやったことのないことがしたいからだ）と答えている。
怪物ならしめているのは見えざる努力なのだ。

Practice 01

> I've always believed that if you want to be number one, you have to train like you're number two.

「ナンバー1になるには、ナンバー2であるかの如く鍛えなくてはいけない。ずっとそう信じてきた」

Maurice Greene (モーリス・グリーン) 1974-
アメリカ出身の陸上競技選手。五輪、世界陸上で計7つの金メダルを獲得。

◇ 1997年の世界陸上選手権から2001年の同大会まで男子100メートルのトップに君臨したグリーンの言葉。

Practice 02

> It's not how hard you pushed along the way. It's having something in you to finish.

「大事なのは、ここまでいかに大変だったかではない。やり抜くかどうかだ」

Michael Jordan (マイケル・ジョーダン) 1963-
アメリカ出身のバスケットボール選手。バスケットボールの神様と称される。

◇ push hardは「努力する」、along the wayは「ここに至るまで」。It's not A. It's B.は金言の典型のひとつ。飲料メーカーのCMで使われたフレーズ。

Practice 03

> **There is no substitute for hard work… I have the medals to prove it!**

「一生懸命がんばることに代わるものはない……私のメダルはその証!」

Florence Griffith-Joyner (フローレンス・グリフィス=ジョイナー) *1959-1998*

アメリカ出身の女子陸上競技選手。ソウル五輪で三冠を達成。

◇substitute は「代替物;代役」。It は There is ... の文全体を指す。

Practice 04

> **Wake up in the morning, go for a run—it becomes a normal thing. There aren't any mornings when you wake up and think, 'I don't feel like going for a run today.'**

「朝起きて走りに行く。そうすればそれが普通のことになる。起きて『今日は走りたくない気分だ』と思う朝などない」

Mohamed Farah (モハメド・ファラー) *1983-*

ソマリア出身、イギリス国籍の中長距離走選手。2011 年世界陸上 5000 メートルで金メダル獲得。

◇祖国の情勢悪化のため、8 歳でイギリスに移住。学校の先生に見出されて陸上競技で頭角を現したファラーが、ロンドン五輪に向けて語った言葉。

Practice 05

> **Luck has nothing to do with it, because I have spent many, many hours, countless hours, on the court working for my one moment in time, not knowing when it would come.**

「運など関係ない。なぜなら私は、いつ来るのかわからないその一瞬のためにとてつもなく長い時間、コートで練習してきたから」

Serena Williams (セレーナ・ウィリアムズ) *1981-*
アメリカ出身のテニス選手。姉のヴィーナスとともに女子パワーテニスの象徴として活躍。

◇have nothing to do with ... は「〜は関係ない」。one moment in time には、「人生で一番輝く瞬間」という意味合いが込められている。

Practice 06

> **No one has ever drowned in sweat.**

「汗で溺れた人間はいない」

Lou Holtz (ルー・ホルツ) *1937-*
アメリカ出身のアメリカンフットボールのコーチ。カレッジフットボールの名将。

◇モチベーショナル・スピーカーとしても知られるホルツならではの、簡潔で印象的な言葉。

Practice 07

Everything is practice.

「すべては練習だ」

Pele(ペレ) *1940-*
ブラジル出身のサッカー選手。サッカーの神様と呼ばれる伝説的存在。

◇一般的な言い方をすればPractice is everything.(練習こそすべて)。本人が意図したか否かは不明だが、結果的にことわざのような響きをもつ表現となっている。

Practice 08

The highest compliment that you can pay me is to say that I work hard every day, that I never dog it.

「私への最高の賛辞は、毎日一生懸命練習し、決して怠けたりしないと言ってくれることだ」

Wayne Gretzky(ウェイン・グレツキー) *1961-*
カナダ出身のアイスホッケー選手。NHL史上最高の選手と称される。

◇ここでのdogは「怠ける」という意味の動詞。You dogged it.で「中途半端に仕事をした」ということ。

Practice 09

The will to win means nothing without the will to prepare.

「準備する意欲がなければ、勝つ意欲など何の意味ももたない」

Juma Ikangaa (ジュマ・イカンガー) *1957-*
タンザニア出身のマラソン選手。東京国際、福岡国際などでも優勝。

◇毎日、長距離を走り込み、いつ招待が来ても走れる準備をしていたというイカンガーの言葉。

Practice 10

Dictionary is the only place that success comes before work. Hard work is the price we must pay for success. I think you can accomplish anything if you're willing to pay the price.

「『練習(work)』の前に『成功(success)』が来るのは辞書だけである。厳しい練習は成功のために支払わなければいけない代償だ。すすんで代償を支払うなら、何でもやり遂げられるだろう」

Vince Lombardi (ヴィンス・ロンバルディ) *1913-1970*
アメリカ出身。アメリカンフットボールの名コーチ。

◇鍛錬なくして成功はない。successの後にworkが来るのは、アルファベット順に言葉が並んでいる辞書だけ、ということ。

Practice 11

If you don't practice you don't deserve to win.

「練習しなければ、勝つ資格はない」

Andre Agassi(アンドレ・アガシ) *1970-*
アメリカ出身のテニス選手。4大大会通算8勝。

◇ deserve to ... は、「〜するに足る；〜の価値がある」という意味。男子として初めてグランドスラムと五輪優勝を成し遂げたアガシの言葉。

Practice 12

If you aren't going all the way, why go at all?

「とことんやらないのなら、そもそもなぜやる?」

Joe Namath(ジョー・ネイマス) *1943-*
アメリカ出身のアメリカンフットボール選手。ニューヨーク・ジェッツで活躍。

◇ go all the way は「とことんまで行く；徹底的にやる」という意味の慣用句。

Practice 13

> **It's not necessarily the amount of time you spend at practice that counts; it's what you put into the practice.**

「重要なのは、必ずしも練習にどれだけの時間を割いたかではない。練習に何をつぎ込んだか、だ」

Eric Lindros (エリック・リンドロス) *1973-*
カナダ出身のアイスホッケー選手。

◇ It's not necessarily A that counts, it's B. も金言の定番。

Practice 14

> **The fight is won or lost far away from witnesses—behind the lines, in the gym, and out there on the road, long before I dance under those lights.**

「勝負は観客から離れたところで決まる――それは舞台裏、ジムの中、路上で、ライトの下で俺が飛び跳ねるずっと前に」

Muhammad Ali (モハメド・アリ) *1942-*
アメリカ出身のボクサー。世界ヘビー級チャンピオン。

◇ far away before witnesses とはすなわち「試合以前の準備」。I dance under those lights は「試合」を指す。

Practice 15

I figure practice puts your brains in your muscles.

「練習することで筋肉に脳が備わるんだ」

Sam Snead (サム・スニード) *1912-2002*

アメリカ出身のゴルファー。PGAツアー82勝を誇る名プレイヤー。

◇美しいスイングで多くのゴルファーに崇められる一方、裸足でコースに出るなど自然児としても知られていたスニードのユニークな表現。

Practice 16

First master the fundamentals.

「まずは基礎をマスターすることだ」

Larry Bird (ラリー・バード) *1956-*

アメリカ出身のバスケットボール選手。1998年に殿堂入り。

◇足が速くないなど身体能力には恵まれていなかったが、それを努力によって克服してきたバードの言葉。

Practice 17

The Six W's: Work will win when wishing won't.

「6つのW——願って叶わないときは努力が結果をもたらす」

Todd Blackledge (トッド・ブラックレッジ) *1961-*
アメリカ出身のアメリカンフットボール選手。クォーターバックとして活躍。

◇ 5W (when、what、who、where、why) を模して、wで始まる単語6つからなる文章を6Wとした。

Practice 18

The Five S's of sports training are: stamina, speed, strength, skill, and spirit; but the greatest of these is spirit.

「スポーツのトレーニングにおける5つのSは、スタミナ、スピード、力、技、そして精神だ。そしてこのうち最も大切なのが精神である」

Ken Doherty (ケン・ダハティ) *1969-*
アイルランド出身のスヌーカー選手。アマ、プロ両方の世界チャンピオン。

◇ 「6つのW」と同様、sから始まる単語5つを並べてトレーニングの極意を語ったもの。

Practice 19

The best and fastest way to learn a sport is to watch and imitate a champion.

「スポーツを習得する最善最速の方法は、チャンピオンを観察し、真似することだ」

Jean-Claude Killy (ジャン=クロード・キリー) 1943-

フランス出身のアルペンスキー選手。スキー引退後、カーレーサーに。

◇ imitate は「偽造する」という意味もあるが、ここでは「真似る；〜を模倣する」の意。

Practice 20

If you're not practicing, somebody else is, somewhere, and he'll be ready to take your job.

「君が練習していないこのとき、誰かがどこかで練習をしている。そして、君のポジションにとってかわろうとしている」

Brooks Robinson (ブルックス・ロビンソン) 1937-

アメリカ出身の野球選手。ボルチモア・オリオールズで23年間活躍。

◇ The Human Vacuum Cleaner (人間掃除機) の異名をもつ名三塁手だったロビンソンの言葉。job には「仕事」だけでなく、「責務；やっていること」など幅広い意味があるが、この場合は日本語の「ポジション」の意味に近い。

Practice 21

Mental will is a muscle that needs exercise, just like muscles of the body.

「メンタルは練習を必要とする筋肉である。体の筋肉のように」

Lynn Jennings (リン・ジェニングス) *1960-*
アメリカ出身の女子陸上競技選手。

◇精神も鍛えて強くすることができる、ということ。バルセロナ五輪の1万メートルの銅メダリストであり、クロスカントリー選手権で3度優勝したジェニングスの言葉。

Practice 22

There's no such thing as natural touch. Touch is something you create by hitting millions of golf balls.

「自然なタッチなんていうものはない。タッチとはボールを何万回も打って生み出すものだ」

Lee Trevino (リー・トレビノ) *1939-*
アメリカ出身のゴルファー。陽気なメキシコ系アメリカ人ゴルファーとして親しまれる。

◇ゴルフで「タッチ」とは、アプローチやパターの感覚のこと。

Practice 23

If you train hard, you'll not only be hard, you'll be hard to beat.

「厳しいトレーニングをすれば、頑丈になるだけでなく、なかなか負けなくなる」

Herschel Walker (ハーシェル・ウォーカー) 1962-

アメリカ出身。NFLで活躍後、総合格闘家に。アルベールビル五輪ではボブスレーのアメリカ代表に。

◇1つ目のhardは「一生懸命に」という意味の副詞、2つ目のhardは「強固な」、3つ目のhardは「〜にくい」の意味の形容詞。

言葉の裏側

" 4-minute mile barrier "

「〜秒の壁」「〜メートルの壁」——スポーツの世界では、よく聞く言葉だが、「壁」と名付けた瞬間、人は無自覚のうちに心の中に限界点を設けてしまうようである。それをよく表しているのが、Roger Banister (ロジャー・バニスター) が越えた4-minute mile barrier (1マイル4分の壁) だ。陸上競技界では長らく、1マイル (1.6km) 走の記録は、1923年にフィンランドのPaavo Nurmi (パーヴォ・ヌルミ) が出した4分10秒3が「破られることのない不滅の記録」と信じられていた。科学者や医師の中には、4分の壁を破れば死んでしまうと言う者さえいたのだ。これに挑戦したのが、イギリス生まれのバニスターである。大学で薬学を学びながら陸上競技を続けていたバニスターは、トレーニングに独自の科学的手法を採用し、着々とタイムを縮め、1954年5月6日、友人2人をペースメーカーにして3分59秒4の記録を樹立した。しかし、驚くのはそこから。バニスターが4分の壁を破った後1年の間に、23人もの選手が立て続けに3分台の記録を出したのだ。いかに心理的壁が大きいかを証明するエピソードといえる。

Practice 24

> **Every morning in Africa a gazelle wakes up. It knows it must move faster than the lion or it will not survive. Every morning a lion wakes up and it knows it must move faster than the slowest gazelle or it will starve. It doesn't matter if you are the lion or the gazelle, when the sun comes up, you better be moving.**

「毎朝、アフリカでガゼルが目を覚ます。ガゼルはライオンより速く走らなければ生き残れないことを知っている。毎朝、ライオンが目を覚ます。ライオンは最ものろまなガゼルより速く走らなければ飢え死にしてしまうことを知っている。ライオンかガゼルか、そんなことは関係ない。日が昇ったら、とにかく動くんだ」

Roger Bannister (ロジャー・バニスター) 1929-
イギリス出身の陸上競技選手。世界で初めて1マイル (約1.6キロ) 4分を切ったことで知られる。

◇ you better ... は「〜したほうがいい」という意味。この言葉は、アメリカ出身の陸上競技選手、モーリス・グリーンも後に語っている。

1 励む Practice

Practice 25

Nobody has enough talent to live on talent alone. Even when you have talent, a life without work goes nowhere.

「誰も才能だけでやっていけるほどの才能はもっていない。才能があったとしても、鍛錬なしに人生は立ちゆかないのだ」

Arsène Wenger（アーセン・ベンゲル）*1949-*

フランス出身。サッカー指導者。1996年よりイングランドのアーセナルFCで監督を務める。

◇各選手の長所を見極めて育てる手腕に定評のある名将が、鍛錬の大切さを説いた言葉。

Practice 26

It's all about the journey, not the outcome.

「すべては過程だ。結果ではない」

Carl Lewis（カール・ルイス）*1961-*

アメリカ出身の陸上競技選手。4度の五輪で金メダル9つと銀メダル1つを獲得。

◇journey は「旅」の意味だが、ここでは何かに至るためのプロセスというニュアンス。

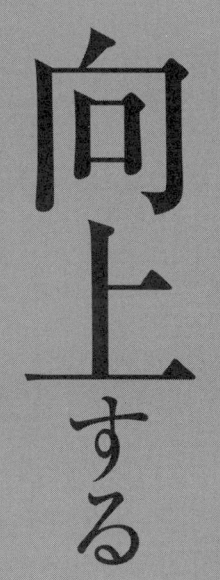

Chapter 02
Progress

向上する

Greg Norman
Bo Jackson
Tiger Woods
Dave Scott
Ayako Okamoto
Jon Gruden
Vince Lombardi
John Wooden
Serena Williams
Michael Johnson
Michael Phelps
Michael Jordan
Shaquille O'Neal
Billie Jean King
Bruce Jenner
Steve Young
Mario Andretti
Duke Snider
Barry Switzer
Michael Owen

Chapter 02
向上する
Progress

写真：dpa/PANA

アスリートは常に同じ状態ではいられない。上がるか落ちるかのいずれかだ。
向上し続けるにはどんなモチベーションが必要なのか。
長らく女子棒高跳びのトップに君臨し続ける
ロシアのYelena Isinbaeva（エレーナ・イシンバエワ）は、
2003年に世界新記録を樹立して以来、自ら記録を塗り替え続け、
その更新回数は2012年2月現在、実に屋内・屋外併せて28回。
しかし、目標はまだまだ先、36回記録を更新したウクライナ出身の男子選手、
Sergey Bubka（セルゲイ・ブブカ）だ。
ロンドン五輪を前に、彼女は "My main competitor will be myself."
（最大の敵は私自身になるだろう）と語った。

Progress 01

You can't put a limit on anything. The more you dream, the farther you get.

「何事にも限界を設けてはいけない。夢を見れば見るほど、もっと先にたどり着ける」

Michael Phelps (マイケル・フェルプス) 1985-
アメリカ出身の競泳選手。北京五輪では五輪史上初の8冠を達成。

◇ the more ..., the farther ... は「もっと〜すれば、もっと遠くへ〜する」という意味。

Progress 02

Set your goals high, and don't stop till you get there.

「目標は高く定めろ。そこにたどり着くまで止まるな」

Bo Jackson (ボー・ジャクソン) 1962-
アメリカ出身の野球選手およびアメリカンフットボール選手。

◇ goal (目標) は set (定める)、achieve (達成する) とセットでよく使われる。NFLとMLBどちらのオールスターにも出場した最初の選手の言葉。

Progress 03

No matter how good you get, you can always get better and that's the exciting part.

「どれだけうまくなろうと、さらにうまくなれる。それこそが刺激的なところだ」

Tiger Woods (タイガー・ウッズ) 1975-

アメリカ出身のゴルファー。プロ転向の年に7勝を上げ、PGAツアー史上最年少賞金王に。

◇私生活では世間を騒がせたが、ゴルフに対する愛情は人一倍である彼らしい名言。

Progress 04

If you set a goal for yourself and are able to achieve it, you have won your race. Your goal can be to come in first, to improve your performance, or just finish the race—it's up to you.

「自分の目標を設定し、それを達成できたら、試合に勝ったということだ。目標は、1位になることでも、成績を上げることでも、完走することでも何でもいい。それは自分が決めることだ」

Dave Scott (デイブ・スコット) 1954-

アメリカ出身のトライアスリート。史上初めて9時間を切ったトライアスロン界のヒーロー。

◇come in first は「1位になる；優勝する」という意味。

Progress 05

> **I'm the type that no matter how long it takes, I am going to make it there. In other words, no matter how slow it is, just step by step, even though people around me sometimes do not understand me. There's an Aesop fable, the Tortoise and the Hare—that's my favorite story, and I'm just like little by little walking towards my goal.**

「私は、どれだけ長くかかろうがかまわないタイプ。言い換えれば、どんなにゆっくりでもかまわない。一歩一歩進めばいい。周りの人が理解しなくてもいい。イソップ童話にウサギとカメの話があるが、あれは私が好きな物語。私も（あのカメように）少しずつ目標に向かって歩いている」

Ayako Okamoto（岡本綾子）*1951-*
日本出身のゴルファー。日本女子選手として初めてアメリカLPGAツアーに本格参戦した。

◇ Golfwrxの記事より。2005年、日本人3人目の世界ゴルフ殿堂入りの式典を前にしたインタビューで。in other wordsは「言い換えれば」の意。

Progress 06

You never stay the same. You either get better or you get worse.

「同じ状態でいることはできない。上達するか、へたになるかだ」

Jon Gruden (ジョン・グルーデン) *1963-*

アメリカ出身。アメリカンフットボールのコーチ。

◇タンパベイ・バッカニアーズでは7シーズン監督を務めたグルーデンの言葉。他にも多くの人が同様の意味のことを言っている。

Progress 07

I've never put limits on what I can do.

「自分ができることに限界は設けない」

Michael Johnson (マイケル・ジョンソン) *1967-*

アメリカ出身の陸上競技選手。3回の五輪で4つの金メダルを獲得。

◇1999年のインタビューから。200メートルの世界記録を見たときの感想を聞かれ、「うれしいけれど、衝撃を受けたわけではない」との言葉に続けてその理由をこう語った。

Progress 08

It's what you learn after you know it all that counts.

「すべてわかったと感じた、その後に学ぶこと。それが大事なんだ」

John Wooden (ジョン・ウドゥン) *1910-2010*

アメリカ出身のバスケットボール選手。後にコーチ。UCLA (カリフォルニア大学ロサンゼルス校) 全盛期の名将。

◇ It's ... that counts. (意味があるのは;大事なのは〜) という構文。know it all は「なんでも知っている」というより「なんでも知った気になる」というニュアンス。

Progress 09

I'm a perfectionist. I'm pretty much insatiable. I feel there's so many things I can improve on.

「私は完全主義者。満足するということがほとんどない。改善できることはたくさんあると思っている」

Serena Williams (セレーナ・ウィリアムズ) *1981-*

アメリカ出身のテニス選手。姉のヴィーナスとともに女子パワーテニスの象徴として活躍。

◇ insatiable は「どん欲な;強欲な;満足することのない」。improve on は「改良する」。

Progress 10

> **Perfection is not attainable. But if we chase perfection, we can catch excellence.**

「完璧を実現するのは不可能。しかし、完璧を目指せば、卓越したものをつかむことができる」

Vince Lombardi (ヴィンス・ロンバルディ) *1913-1970*
アメリカ出身。アメリカンフットボールの名コーチ。

◇ attainable は attain (達成する；実現する) の派生語で、not attainable は「達成不可能；入手不可能」。

Progress 11

> **Natural talent only determines the limits of your athletic potential. It's dedication and a willingness to discipline your life that makes you great.**

「生まれ持っての才能が決めるのは、スポーツ選手としての潜在能力の限界だけ。偉大な選手になるかどうかは、努力と、生活を律する意志の強さにかかっている」

Billie Jean King (ビリー・ジーン・キング) *1943-*
アメリカ出身のテニス選手。女子テニス界の発展に寄与した。

◇ dedication は「何かに懸命に取り組む」というニュアンス。

Progress 12

> Setting goals for your game is an art. The trick is in setting them at the right level, neither too low nor too high.

「自分の目標を定めることは技だ。低すぎも高すぎもない適正なレベルに設定することがコツなのだ」

Greg Norman (グレッグ・ノーマン) 1955-
オーストラリア出身のゴルファー。長年、オーストラリアのゴルフ界をけん引。

◇ art は「芸術」のほかに「技；技能」という意味もある。neither too low nor too high は「低すぎも高すぎもない」。

Progress 13

> Excellence is not a singular act but a habit. You are what you repeatedly do.

「優秀さとは、ひとつの動作ではなく習慣のことである。繰り返し行うことが人を作るのだ」

Shaquille O'Neal (シャキール・オニール) 1972-
アメリカ出身のバスケットボール選手。216cmの長身と優れた運動能力を併せ持つ。

◇ 1999〜2000年のMVPを受賞したオニールは、「ビッグ・アリストテレス」と呼んでほしいと語った後、その理由としてアリストテレスの言葉である上記を紹介した。

Progress 14

> **Never say never. Because limits, like fears, are often just an illusion.**

「絶対無理だ、などと言ってはならない。なぜなら、恐れと同じく、限界はただの錯覚であることが多いからである」

Michael Jordan (マイケル・ジョーダン) 1963-
アメリカ出身のバスケットボール選手。バスケットボールの神様と称される。

◇ illusion は「錯覚；思い違い」という意味。2009年に行われた殿堂入り式典でのスピーチから。

言葉の裏側

"There's an 'I' in WIN."

NBAのスーパーヒーロー、Michael Jordan（マイケル・ジョーダン）。その輝かしい活躍はシカゴ・ブルズ入団後すぐに始まる。しかしチームの調子とは連動せず、スタンドプレーとして非難されることも少なくなかった。ある試合では、10点ほど負けている状況から1人で25点余りを奪って逆転勝ちをするが、試合後、当時アシスタントコーチだったTex Winter（テックス・ウインター）から "There's not an 'I' in TEAM."（TEAMという言葉にIはない）とチクリとひと言。これに対してジョーダンが返したのが "But there's an 'I' in WIN."（WINには'I'がある）という言葉だった。どんなに美しい形でプレーしたところで勝たなければ意味がない、と。これは2009年、バスケットボール殿堂入り式典でのスピーチでジョーダン自身が披露したエピソード。

Progress 15

> **Desire is the key to motivation, but it's determination and commitment to an unrelenting pursuit of your goal—a commitment to excellence—that will enable you to attain the success you seek.**

「やる気を起こす鍵は、情熱である。しかし、追い求める成功を得るには、目標達成への不屈の意志と行動、つまり卓越するための献身が必要だ」

Mario Andretti (マリオ・アンドレッティ) *1940-*
現クロアチア・モトヴン(当時イタリア領)出身、アメリカ国籍のF1レーサー。1978年のF1ワールドチャンピオン。

◇unrelentingは「不屈の；たゆまない；勢いの衰えない」という意味の形容詞。

Progress 16

> **The better the opposition put in front of you, the better your team plays.**

「よいチームと対すればするほど、自分たちのプレーもよくなる」

Michael Owen (マイケル・オーウェン) *1979-*
イギリス出身のサッカー選手。2001年にはバロンドールを受賞。

◇ここでのoppositionは「相手チーム」。

Progress 17

> **The principle is competing against yourself. It's about self-improvement, about being better than you were the day before.**

「基本は自分自身との競争だ。自己研さんであり、前日の自分より向上するということである」

Steve Young (スティーブ・ヤング) 1961-
アメリカ出身のアメリカンフットボール選手。1995年スーパーボウルのMVP。

◇ principle には「原理；行動指針；本質」などさまざまな意味があるが、ここでは「基本；原則」といった意。

Progress 18

> **What a player does best, he should practice least. Practice is for problems.**

「得意なものはそれほど練習しなくていい。練習は問題を克服するためのものだ」

Duke Snider (デューク・スナイダー) 1926-2011
アメリカ出身の野球選手。外野手として活躍。

◇ what a player does best (よくできるもの) は、practice least (少し練習する) だけでいい、ということ。

Progress 19

The purpose of discipline is not to punish but to correct.

「しつけの目的は罰することでなく正すことだ」

John Wooden (ジョン・ウドゥン) *1910-2010*
アメリカ出身のバスケットボール選手。後にコーチ。UCLA全盛期の名将。

◇このdisciplineは、選手に課す訓練やしつけなどの意味合い。名将ウドゥンの言葉として紹介されることが多いが、ほかにも多くの人が語っている。

Progress 20

Some people are born on third base and go through life thinking they hit a triple.

「3塁で生まれたのに、3塁打を打ったと考えている人間がいる」

Barry Switzer (バリー・シュバイツァー) *1937-*
アメリカ出身。アメリカンフットボールのコーチ。大学とNFLで監督を務める。

◇3塁にいること、つまり現在の立場は、環境の有利さゆえに得たものなのに、あたかも自分の力で手に入れたと勘違いしている人がいる、ということ。努力しないことを戒める言葉。

Progress 21

> **I learned that the only way you are going to get anywhere in life is to work hard at it. Whether you're a musician, a writer, an athlete or a businessman, there is no getting around it. If you do, you'll win—if you don't, you won't.**

「人生で結果を出すには、その道でがんばるしかないとわかった。ミュージシャンも、作家も、選手もビジネスマンも皆この道は避けて通れない。がんばれば成功するし、がんばらなければ成功しない」

Bruce Jenner (ブルース・ジェンナー) *1949-*
アメリカ出身の陸上競技選手。アメフトから転向、モントリオール五輪十種競技で金メダリストに。

◇ここでの get anywhere は「成功する；目的を達成する；結果を出す」、get around は「うまく避ける」。There's no getting around. で「避けて通れない」ということ。

Chapter 03
Believe

信念をもつ

Lorena Ochoa
Tiger Woods
Lou Brock
Muhammad Ali
Tommy Lasorda
Joe Namath
Vince Lombardi
Homer Rice
Allen Iverson
Mark McGwire
Evander Holyfield
Michael Phelps
Mike Ditka
Stan Smith
Florence Griffith-Joyner
Michael Jordan
John Wooden
Venus Williams
Willie Mays
Martina Hingis

Chapter 03
信念をもつ
Believe

写真：EPA＝時事

アスリートは、自らを信じて挑み続ける。
写真は、世界で初めて国際スケート連盟の公式競技会で4回転コンビネーションジャンプを
2度成功させたロシア出身のフィギュアスケート選手、
Evgeni Plushenko（エフゲニー・プルシェンコ）。
フィギュア界全体が減点を恐れて大技回避に傾く中、
3年のブランクを経て復帰したバンクーバー五輪でも、
出場選手中唯一ショートプログラムとフリースケーティングで4回転ジャンプを決めて
Quad King（4回転ジャンプの王者）の存在感を示すが、
結果は銀メダル。プルシェンコは「4回転なき金メダル」の妥当性に疑問を呈し、
大技への評価の低い採点方法についても一石を投じた。

Believe 01

It's lack of faith that makes people afraid of meeting challenges, and I believed in myself.

「困難に立ち向かうことにビクビクしてしまうのは信念が欠落しているからだ。私は自分を信じている」

Muhammad Ali (モハメド・アリ) *1942-*
アメリカ出身のボクサー。世界ヘビー級チャンピオン。

◇ meet a challenge で「課題に対処する」といったニュアンス。

Believe 02

There is always someone out there better than me.

「世の中には自分より素晴らしい選手が常にいる」

Tiger Woods (タイガー・ウッズ) *1975-*
アメリカ出身のゴルファー。プロ転向の年に7勝を上げ、PGAツアー史上最年少賞金王に。

◇ 若くして頂点に立ったウッズの言葉。out there は「世の中には」という意味。

Believe 03

Show me a guy who's afraid to look bad, and I'll show you a guy you can beat every time.

「格好を気にするヤツには、いつだって勝てる」

Lou Brock (ルー・ブロック) *1939-*

アメリカ出身の野球選手。オールスターにも6度選出。盗塁王。

◇直訳すれば「格好悪く見えることをいやがるヤツを連れてくれば、君が常に勝てるヤツを見せてやろう」。Show me ..., and I'll show you ... は、さまざまな比喩表現に使われる。たとえばShow me a liar, and I will show you a thief. は「嘘つきを連れてくれば、その人間が泥棒であることを示してみせよう」、つまり「嘘つきは泥棒の始まり」ということ。

Believe 04

Nothing is going to be handed to you. You have to make things happen.

「あなたに手渡されることになっているものなどない。自分で行動を起こすしかない」

Florence Griffith-Joyner (フローレンス・グリフィス=ジョイナー) *1959-1998*

アメリカ出身の女子陸上競技選手。ソウル五輪で三冠を達成。

◇make things happen は「事を起こす；実現する」という意味の慣用句。Make it happen! は、「やるだけやってみよう！」「ぜひ実現させよう！」というときの定番表現。

Believe 05

You learn you can do your best even when it's hard, even when you're tired and maybe hurting a little bit. It feels good to show some courage.

「つらくても、疲れていたり、多少ケガをしていたりしても、ベストは尽くせる。多少の勇気を示すのは気分がいいものだ」

Joe Namath (ジョー・ネイマス) *1943-*

アメリカ出身のアメリカンフットボール選手。ニューヨーク・ジェッツで活躍。

◇容姿と言動の派手さからBroadway Joeの異名をもつ。スーパーボウルを前に、ジェッツを格下と揶揄する報道に対して発した "The Jets will win on Sunday, I guarantee it."（日曜はジェッツが勝つ。俺が保証する）も有名。

Believe 06

> Some people say I have attitude—maybe I do. But I think you have to. You have to believe in yourself when no one else does—that makes you a winner right there.

「私のことを高慢だという人がいる。そうかもしれない。でも、そうでなくちゃいけない。誰も自分を信じないなら、自分が信じるしかない。それが勝ちにつながるのよ」

Venus Williams (ヴィーナス・ウィリアムズ) *1980-*

アメリカ出身のテニス選手。妹のセレーナとともに女子パワーテニスの象徴として活躍。

◇have (an) attitude は「高慢な態度をとる」という意味。

Believe 07

> The difference between a successful person and others is not a lack of strength, not a lack of knowledge, but rather in a lack of will.

「成功する人間とそうでない人間の違いは、力の欠如ではない。知識の欠如でもない。意志の欠如である」

Vince Lombardi (ヴィンス・ロンバルディ) *1913-1970*

アメリカ出身。アメリカンフットボールの名コーチ。

◇but rather は「むしろ〜」というときの常套句。

Believe 08

> You can motivate by fear, and you can motivate by reward. But both of those methods are only temporary. The only lasting thing is self-motivation.

「恐れや報酬によってやる気を起こすことはできる。しかし、長持ちはしない。唯一長続きするのは自らの中から起こるやる気だけである」

Homer Rice (ホーマー・ライス) *1927-*

アメリカ出身のアメリカンフットボール選手。後に高校、大学、NFL でコーチ。

◇学生アスリートが大学卒業後も成功するためのプログラム「トータルパーソンプログラム」を考案したライスならではの冷静な言葉。

Believe 09

> I'd rather have more heart than talent any day.

「いつでも俺は才能より気合いをもっていたい」

Allen Iverson (アレン・アイヴァーソン) *1975-*

アメリカ出身のバスケットボール選手。NBA 得点王に4回輝く。

◇この heart は「気合い」の意味。He has a heart. は「彼は人の気持ちがわかる」だが、He has heart. は「彼はあきらめない」。身長 183cm と NBA では小柄ながら、マイケル・ジョーダンに 1 対 1 で果敢に挑むなど、気持ちの熱さで人気のアイヴァーソンらしい言葉。

Believe 10

The difference between the impossible and the possible lies in a man's determination.

「不可能と可能の違いは、人間の意志の強さにある」

Tommy Lasorda (トミー・ラソーダ) *1927-*
アメリカ出身の野球選手。後にロサンゼルス・ドジャースの監督を20年間務める。

◇可能性の限界は自分の気持ち次第だ、ということ。MLB入りした野茂英雄投手を擁護するなど、選手思いで知られた名将の言葉。

Believe 11

CD-8

It is not the size of a man but the size of his heart that matters.

「大切なのは体の大きさではなく、心の大きさだ」

Evander Holyfield (イベンダー・ホリフィールド) *1962-*
アメリカ出身のボクサー。世界ヘビー級チャンピオン。

◇It is not A but B that matters.(大切なのはAではなくBである)は、名言によく見られる構文。マイク・タイソンの好敵手だったホリフィールドの言葉だが、NBAで活躍した小柄なアレン・アイヴァーソンも同様のことを言っている。

Believe 12

> **The mind is a powerful thing and most people don't use it properly.**

「気持ちは力をもつが、ほとんどの人がそれを適切に使っていない」

Mark McGwire(マーク・マグワイア) *1963-*

アメリカ出身の野球選手。本塁打数は、引退時歴代5位。

◇use one's mindは「よく考える」という意味。use one's mind properlyはユニークな言い方。

Believe 13

> **I wouldn't say anything is impossible. I think that everything is possible as long as you put your mind to it and put the work and time into it.**

「何事も不可能とは思っていない。気持ちを注ぎ、労力と時間を費やす限り、すべてのことは可能だと思っている」

Michael Phelps(マイケル・フェルプス) *1985-*

アメリカ出身の競泳選手。北京五輪では五輪史上初の8冠を達成。

◇as long as ... で「〜する限り」。自由形、バタフライ、個人メドレーで数々の記録をもつフェルプスの言葉。

Believe 14

> **You will never regret making a sacrifice. It will always pay you back.**

「犠牲を払ったことは絶対に後悔しないだろう。いつだって見返りがある」

Lorena Ochoa（ロレーナ・オチョア）*1981-*
メキシコの女子ゴルファー。2007年に世界ランキング1位に。

◇「ゴルフですべきことは達成した」と語り、2010年に引退したオチョアの言葉。

言葉の裏側

"The Catch"

ホームラン王、盗塁王ともに4度輝き、走攻守すべての能力を備えたオールマイティプレイヤーとして知られるWillie Mays（ウィリー・メイズ）。その名を知らしめた試合のひとつに、兵役から復帰した1954年のワールドシリーズがある。メイズを擁するニューヨーク・ジャイアンツとクリーブランド・インディアンズの第1戦。2対2の同点で迎えた8回表、相手打者 Vic Wertz（ヴィック・ワーツ）が放った打球はセンターを守るメイズの頭上を高々と越えていく。しかしメイズは全力疾走で追いかけ、ミラクルキャッチ！ 捕球するやいなやセカンドに送球、ランナーをアウトに。これで流れをつかんだジャイアンツは4連勝でワールドシリーズを制覇した。常に華のあるプレーでファンを魅了したメイズだが、中でもこのプレーは The Catch（ザ・キャッチ）と呼ばれ、語り継がれている。

Believe 15

> **In order to excel, you must be completely dedicated to your chosen sport. You must also be prepared to work hard and be willing to accept constructive criticism. Without one-hundred percent dedication, you won't be able to do this.**

「秀でるためには、自分の選んだスポーツにとことん取り組まなくてはいけない。厳しい練習をする覚悟をし、建設的な批判はすすんで受けなくてはいけない。100パーセントの献身なくして、秀でることはできない」

Willie Mays (ウィリー・メイズ) *1931-*
アメリカ出身の野球選手。攻守ともに優れ、オールスターにも連続20回出場。

◇must prepare to ... は「〜をするために準備しないといけない」。たとえばYou must prepare to find a job when you graduate. (卒業の際には就職する準備をしなくてはいけない) などと言う。一方、must be prepared to ... は、You must be prepared to work hard. (がんばる覚悟がないといけない) のように、「〜する覚悟がないといけない」という意味になる。

Believe 16

Success is about having, excellence is about being.

「成功は手にするもの、優秀さはそうあるべきもの」

Mike Ditka（マイク・ディトカ）*1939-*

アメリカ出身のアメリカンフットボール選手。後にコーチ。

◇シカゴ・ベアーズなどで選手として活躍、後にコーチとしてもベアーズを栄光に導いた熱血漢ディトカの言葉。この後には、"Success is about having money and fame, but excellence is being the best you can be."（成功は金や名誉をもつこと、優秀さは最善の状態にあることである）と続く。

Believe 17

Experience tells you what to do; confidence allows you to do it.

「経験は何をすべきか教えてくれる。自信があればそれができる」

Stan Smith（スタン・スミス）*1946-*

アメリカ出身のテニス選手。デビス杯で7勝。コーチとしても活躍。

◇A allow you to B は直訳すれば「A はあなたに B することを許す」。

Believe 18

> I didn't have the same fitness or ability as the other girls, so I had to beat them with my mind. The first point is always to believe in it when you go on court and then you have the chances to win.

「私には他の女子選手たちと同じレベルの体力も能力もなかった。だから気持ちで勝つしかなかった。コートに入ったら、一番大事なのはいつも勝てると信じること。そうすれば勝つチャンスが来る」

Martina Hingis(マルチナ・ヒンギス) *1980-*
チェコスロバキア出身、スイス国籍のテニス選手。

◇ the first pointは、ここでは「最も大切なこと」の意。女子テニス界において数々の最年少記録を樹立したヒンギスの言葉。

Believe 19

Some people want it to happen, some wish it would happen, others make it happen.

「実現してくれと願う人もいれば、実現してくれたらいいのにと夢想する人もいる。そして、自ら実現する人もいる」

Michael Jordan (マイケル・ジョーダン) *1963-*
アメリカ出身のバスケットボール選手。バスケットボールの神様と称される。

◇ wish it would happen は、実際には起こらないと思いながら願う、ということ。

Believe 20

Sports do not build character, they reveal it.

「スポーツは人格を作り上げるものではない。人格をあらわにするものだ」

John Wooden (ジョン・ウドゥン) *1910-2010*
アメリカ出身のバスケットボール選手。後にコーチ。UCLA全盛期の名将。

◇ they は sports、it は character を指す。sports の部分を school、work、sales などさまざまな言葉に言い換えた表現を多くの人が言っているが、もとになっているのは、アメリカの小説家 James Lane Allen（ジェームズ・レーン・アレン）が書いた "Adversity does not build character, it reveals it."（逆境は人格を作るのではない。人格をあらわにするものだ）と思われる。

Chapter 04
Challenge 勝負する

Martina Navrátilová
Venus Williams
Andre Agassi
Ian Thorpe
Vince Lombardi
Ronaldo
John Wooden
Wilt Chamberlain
Carl Lewis
Pete Sampras
Jonathan Edwards
Amanda Beard
Jack Nicklaus
Tiger Woods
Ray Knight
Chris Evert
Wayne Gretzky
Joe Paterno
George Halas
Michael Chang
Pat Riley
Chuck Tanner
Reggie Jackson
Don Drysdale
David Pleat

Chapter 04
勝負する
Challenge

写真：dpa/PANA

日々の努力を花開かせる勝負のとき。
ゴルファーは、手のしびれを強い心で制して勝負のパットを打ち、
スプリンターは、スタートからゴールまで数秒の勝負に意識を集中させる。
アスリートたちは、どのような心境でそのときに立ち向かっているのか。
写真は2009年の世界陸上100メートル、200メートルで、
自らの世界新記録を更新したジャマイカ出身のUsain Bolt（ウサイン・ボルト）。
100メートルのレースの後、ボルトは語った。
"I was definitely ready for the world record and I did it."
（世界新を出す準備は完璧だった。そして実現したんだ）。

Challenge 01

> **For myself, losing is not coming second. It's getting out of the water knowing you could have done better. For myself, I have won every race I've been in.**

「私にとっては、負けは2位になることではない。もっとできたはずだと知りながら水から上がることだ。これまでのレースは、私にとってすべて勝利である」

Ian Thorpe（イアン・ソープ）*1982-*

オーストラリア出身の競泳選手。シドニー、アテネの五輪で計5つの金メダルを獲得。

◇「勝つこと」と「勝たないこと」の違いを聞かれて答えたソープの言葉。彼にとっての勝利は「ベストを尽くすこと」。だから彼にとって、これまでのすべてのレースが勝ちレースなのだ。

Challenge 02

> **If you don't have confidence, you'll always find a way not to win.**

「自信がなければ、常に勝たない方法が見つかってしまうんだ」

Carl Lewis（カール・ルイス）*1961-*

アメリカ出身の陸上競技選手。4度の五輪で金メダル9つと銀メダル1つを獲得。

◇ find a way to ... で「〜するための方法を見つける」。

Challenge 03

> **In my mind, I'm always the best. If I walk out on the court and I think the next person is better, I've already lost.**

「私の気持ちの中では、いつも私が一番。試合に臨むとき、隣の選手のほうが才能があると思ったら、すでに私は負けている」

Venus Williams（ヴィーナス・ウィリアムズ）*1980-*

アメリカ出身のテニス選手。妹のセレーナとともに女子パワーテニスの象徴として活躍。

◇walk outは「退場する」という意味もあるが、この場合は「コートに入る；試合に臨む」という意味。コートに入るときのnext person（隣に並ぶ人）とは、つまり対戦相手のこと。

Challenge 04

> **Whoever said, 'It's not whether you win or lose that counts,' probably lost.**

「『勝ち負けは重要でない』と言った人は、おそらく皆負けている」

Martina Navrátilová（マルチナ・ナブラチロワ）*1956-*

チェコ（旧チェコスロバキア）出身の女子テニス選手。ウィンブルドン最多優勝（9勝）などの記録をもつ。

◇ここでのcountは「重要である；価値がある」。

Challenge 05

We generally make too much of winning. Let's face it, someone always has to win; that is the nature of competition. But the mere fact of winning doesn't make you great.

「人は皆勝利を大げさに扱い過ぎる。現実を見れば、どんな試合でも誰かが勝つわけで、それが競争というもの。しかし、勝利しただけで偉いわけじゃない」

Wilt Chamberlain(ウィルト・チェンバレン) *1936-1999*

アメリカ出身のバスケットボール選手。NBA最高のリバウンダーと言われる。

◇make too much of ... は「〜を大げさに扱い過ぎる」という意味。the nature of ... は「〜の本質」。

Challenge 06

A game is not won until it's lost.

「試合は、(誰かが)負けるまで(誰も)勝たない」

David Pleat(デヴィッド・プリート) *1945-*

イギリス出身のサッカー選手。後に監督、コメンテーター。

◇勝負の厳しさを伝える言葉。

Challenge 07

If I don't do what I need to do to win, I won't win, no matter who is on the other side of the net.

「勝つために必要なことをしなければ、勝てない。ネットの向こうの相手が誰であっても同じだ」

Andre Agassi (アンドレ・アガシ) *1970-*
アメリカ出身のテニス選手。4大大会通算8勝。

◇no matter who は「たとえ誰であっても」。

Challenge 08

We lost because we didn't win.

「勝たなかったから負けたんだ」

Ronaldo (ロナウド) *1976-*
ブラジル出身のサッカー選手。バロンドールを2度受賞。

◇勝負の本質を端的に突いた天才の言葉。

Challenge 09

If it doesn't matter who wins or loses, then why do they keep score?

「誰が勝っても負けても関係ないなら、なぜスコアをつけるのだ?」

Vince Lombardi (ヴィンス・ロンバルディ) *1913-1970*
アメリカ出身。アメリカンフットボールの名コーチ。

◇名将として知られるロンバルディの言葉。「勝ち負けが関係ないというなら、スコアなんてつける必要はないじゃないか」ということ。勝利至上主義ではなかったが、勝利を追求する気持ちの大切さを説く名言を数々残している。

Challenge 10

You've got to take the initiative and play your game. In a decisive set, confidence is the difference.

「イニシアティブをとって自分の試合をしなければならない。決定的なセットでは、自信が大きな差になる」

Chris Evert (クリス・エバート) *1954-*
アメリカ出身の女子テニス選手。冷静沈着なプレーで Ice Doll (アイスドール) と呼ばれた。

◇take the initiative は「主導権を握る；先手を打つ」。decisive は「決定的な；最終的な；断固たる」の意味で、decisive battle といえば「天王山」。ここでの difference は「大きな影響を与えるもの」のニュアンス。

Challenge 11

> **In those moments, it's weird; I'd almost prefer to be anywhere else in the whole world and yet I would be nowhere else.**

「その瞬間は奇妙な感じなんだ。地球上のどこでもいいから別の場所にいたいんだけど、同時に、地球上のどこでもなくここにいたいという気持ちもある」

Jonathan Edwards(ジョナサン・エドワーズ) *1966-*
イギリス出身の陸上競技選手。シドニー五輪三段跳び金メダリスト。

◇大舞台での緊張を振り返って語った言葉。weirdは「奇妙な;不可思議な」。I would の後にはprefer to が、nowhere elseの後にはbut there (thereは競技場を指す)が省略されている。

Challenge 12

> **It's not so important who starts the game but who finishes it.**

「重要なのは、誰がゲームを始めるかじゃない。誰が終わらせるかだ」

John Wooden(ジョン・ウドゥン) *1910-2010*
アメリカ出身のバスケットボール選手。後にコーチ。UCLA全盛期の名将。

◇It's not ... A but B. は「〜なのはAではなくB」の構文。

Challenge 13

> **My thoughts before a big race are usually pretty simple. I tell myself: Get out of the blocks, run your race, stay relaxed. If you run your race, you'll win... Channel your energy. Focus.**

「大きなレースを前にしたときの私の思考は常にとてもシンプルだ。スタートを切れ、自分のレースをしろ、リラックスした状態で走れ。自分のレースをすれば勝てる……エネルギーをレースに注げ。集中しろ。そう自分に言い聞かせるんだ」

Carl Lewis (カール・ルイス) *1961-*
アメリカ出身の陸上競技選手。4度の五輪で金メダル9つと銀メダル1つを獲得。

◇blocksはランナーがスタート時に用いるスターティングブロックのこと。つまり、get out of the blocksは「スタートする」の意で、日常会話でも使う。channelは「注ぐ;向ける」。

Challenge 14

> **Nobody who ever gave his best regretted it.**

「最善を尽くした人間が、そのことを後悔したことはない」

George Halas (ジョージ・ハラス) *1895-1983*
アメリカ出身。野球選手引退後、アメリカンフットボールに転向。

◇シカゴ・ベアーズの前身となるチームを創設、選手兼コーチ兼オーナーとして活躍するなど、NFLの発展に多大な功績を残した伝説の人物の言葉。

Challenge 15

> **The pitcher has to find out if the hitter is timid, and if he is timid, he has to remind the hitter he's timid.**

「ピッチャーは、打者が弱気になっているかどうか見抜かなくてはいけない。弱気になっていたら、ピッチャーは打者に臆病者だと知らしめなくてはいけない」

Don Drysdale (ドン・ドライスデール) *1936-1993*

アメリカ出身の野球選手。ピッチャーとして活躍。

◇長身から繰り出すサイドスローで内角を厳しく攻める攻撃的な投球スタイルを通したドライスデールらしい言葉。

Challenge 16

> **I concentrate on preparing to swim my race and let the other swimmers think about me, not me about them.**

「私は自分のレースの準備に集中する。そしてほかのスイマーに自分のことを意識させる。自分は彼女たちのことを意識しない」

Amanda Beard (アマンダ・ビアード) *1981-*

アメリカ出身の女子競泳選手。アトランタ以降3回の五輪で7つのメダルを獲得。

◇14歳で出場した五輪では、テディベアを抱えて表彰台に上がり、メディアの注目を集めたビアード。彼女が集中の仕方について語った言葉。

Challenge 17

There is no room in your mind for negative thoughts. The busier you keep yourself with the particulars of shot assessment and execution, the less chance your mind has to dwell on the emotional. This is sheer intensity.

「心にネガティブな考えの入る余地はない。個々のショットを分析し、実行することに集中すればするほど、くよくよ考えている余裕はなくなる。これこそが完璧な集中だ」

Jack Nicklaus (ジャック・ニクラウス) *1940-*
アメリカ出身のゴルファー。PGA、シニアツアー（現チャンピオンズツアー）両方の4大タイトルを制覇した史上1人目の選手。

◇there is no roomは「余地がない」。particularはここでは名詞の「項目；詳細」などの意味。dwell onは「くよくよ考える」。sheer intensityは「完璧な集中（力）」。

Challenge 18

> **In order to hit a good golf shot at that moment in time when you're standing over the ball, you must believe that golf shot is the most important thing in your life.**

「よいショットを打つには、ボールの前に立ったその瞬間、人生の中でそのショットが最も大事なものだと信じることだ」

Tiger Woods (タイガー・ウッズ) *1975-*

アメリカ出身のゴルファー。プロに転向したその年に7勝を上げ、PGAツアー史上最年少賞金王に。

◇正念場で集中力を発揮し、勝利を獲得してきたウッズならではの言葉。

Challenge 19

> **Concentration is the ability to think about absolutely nothing when it is absolutely necessary.**

「集中力とは、本当に集中すべきときにまったく何も心に浮かべない能力のことだ」

Ray Knight (レイ・ナイト) *1952-*

アメリカ出身の野球選手。後に監督。

◇when の後の it は concentration のこと。

Challenge 20

The difference of great players is at a certain point in a match they raise their level of play and maintain it. Lesser players play great for a set, but then less.

「偉大な選手は、試合中のどこかでプレーのレベルを上げ、それを維持する。そうでない選手は、1セットは素晴らしいプレーをしても、そのレベルを維持できない。それが違いだ」

Pete Sampras (ピート・サンプラス) *1971-*

アメリカ出身のテニス選手。1990年代にサンプラス時代を築く。

◇冷静なサンプラスらしい言葉。

言葉の裏側

"You cannot be serious."

試合中、判定に異議があると審判に暴言を吐くなどのわんぱくぶりで知られた天才テニスプレーヤー、John McEnroe（ジョン・マッケンロー）。イギリスのマスコミからは、そのマナーの悪さからSuperBrat（悪童）などと呼ばれることもあった。そんな彼のキャッチフレーズとしてよく知られているのが、"You cannot be serious!"（マジかよ！）。試合中、主審に向かってこう叫ぶ場面はお茶の間にも流れて有名になり、感情豊かな愛すべき本人のキャラクターとともにこの言葉も人々の間に浸透した。

Challenge 21

CD-11

" Winners never quit and quitters never win. "

「勝者は決してあきらめない。簡単にあきらめる者は決して勝たない」

Vince Lombardi (ヴィンス・ロンバルディ) *1913-1970*
アメリカ出身。アメリカンフットボールの名コーチ。

◇ quittersは、ただの「あきらめる人」ではなく「簡単にあきらめる人；意気地なし」の意味合い。ロンバルディ以外にも多くの人が言っているシンプルな名言。

Challenge 22

" Giving yourself permission to lose guarantees a loss. "

「自分に負けを許せば、確実に敗北する」

Pat Riley (パット・ライリー) *1945-*
アメリカ出身のバスケットボール選手。後に監督として手腕を発揮。

◇自分自身に permission to lose (負ける許可) を与えることは、guarantee a loss (敗北を保証する) ことになる、ということ。

Challenge 23

> **A good hockey player plays where the puck is. A great hockey player plays where the puck is going to be.**

「よいホッケー選手は、パックのあるところでプレーする。偉大なホッケー選手は、パックの行く先でプレーする」

Wayne Gretzky (ウェイン・グレツキー) *1961-*
カナダ出身のアイスホッケー選手。NHL史上最高の選手と言われる。

◇ good player と great player の対比で印象的なフレーズになっている。球技全般に通じる言葉。

Challenge 24

> **You need to play with supreme confidence, or else you'll lose again, and then losing becomes a habit.**

「絶対の自信をもってプレーしなくてはいけない。さもなくばまた負ける。そして負けがクセになる」

Joe Paterno (ジョー・パターノ) *1926-2012*
アメリカ出身。カレッジフットボールコーチ。ペンシルバニア州立大学を46シーズンにわたって率いた。

◇ or else は「さもなくば」。規律を重んじ、多くの人に愛されたパターノの言葉。

Challenge 25

> **I let my racket do the talking. That's what I am all about, really. I just go out and win tennis matches.**

「僕はラケットに物を言わせる。コートに出てテニスの試合をして、勝つ。それが僕という人間だ」

Pete Sampras (ピート・サンプラス) *1971-*
アメリカ出身のテニス選手。1990年代にサンプラス時代を築く。

◇ go out は go out on the court の省略形。圧倒的な強さを誇ったサンプラスの言葉。ちなみに "I'll let the racket do the talking." はジョン・マッケンローも言っている。

Challenge 26

> **I don't mind getting beaten, but I hate to lose.**

「誰かに負けるのはかまわないが、自分に負けるのは大嫌いだ」

Reggie Jackson (レジー・ジャクソン) *1946-*
アメリカ出身の野球選手。ワールドシリーズの大活躍により Mr. October の異名もとる。

◇ get beaten は「相手の強さに屈する」、lose は「自分の不甲斐なさから勝ちを失う」というニュアンス。

Challenge 27

> You can admire them off the court, but when you come back on the court, you need to be able to come out with a mentality and determination of saying, 'You're in my way for me to win this title. I don't care who you are, I don't care what you've accomplished. Because all of your prior accomplishments don't affect what's going on right here, right now, between you and me.'

「コートの外で尊敬するのはいい。だが、コートに入ったら『タイトルを獲る上でお前は邪魔な存在だ。お前が誰であれ気にしない。実績も気にしない。なぜなら、お前のかつての実績は、今、ここで僕との間に起きていることに何も関係ないからだ』と言い切る気持ちや決意を示さなくてはいけないんだ」

Michael Chang (マイケル・チャン) 1972-
アメリカ出身のテニス選手。全仏オープンで17歳3カ月の大会最年少優勝記録を達成。

◇テレビ番組の対談で、2011年スイス・インドア大会を振り返り「フェデラーとの決勝戦で破れ、自信を失った」と語る錦織圭選手にチャンが送ったアドバイス。「憧れの選手と対戦できてわくわくしている」と試合前に語ったときからすでに錦織選手は過ちを犯していたと指摘し、その真意をこう説明した。

Challenge 28

It's hard to win a pennant, but it's harder to lose one.

「ペナントを勝つのはキツいが、負けるのはもっとキツい」

Chuck Tanner（チャック・タナー）1928-2011
アメリカ出身の野球選手。後にMLB4球団のマネジャーを歴任。

◇楽天主義で知られたタナーの言葉。日本語ではhardとharderのニュアンスが伝わりにくいが、1つ目のhardは「難しい」、2つ目のhardは、「辛い」という意味。

Chapter 05
Attempt 挑む

Diana Nyad
Michael Jordan
Carl Lewis
Michael Johnson
Arthur Ashe
Kevin Garnett
Peyton Manning
Arnold Palmer
Wayne Gretzky
Jack Daniels
Mike Tyson

Chapter 05
挑む
Attempt

写真:EPA=時事

アスリートは、ときに新たな境地で自分を鼓舞する。
新たな目標に向かうとき、彼らは何を思うのか。
アメリカの遠泳選手、Diana Nyad(ダイアナ・ナイアド)は、2011年8月と9月の2度、
キューバからアメリカ・フロリダ州キーウエストまでサメ除けケージなしでの
遠泳の世界記録に挑んだ。
悪天候に阻まれて断念した28歳での初挑戦から30年以上のときを経ての再挑戦。
結果はそれぞれ肩の痛みと喘息、クラゲに阻まれての断念となったが、
ナイアドは挑戦の続行を誓う。
"Why can't you get the destination and the journey? That's what I want to know."
(過程だけじゃなく成果だって得られるはず。それが知りたいの)とナイアドは語っている。

Attempt 01

" Anything is possible! "

「なんだって可能だ!」

Kevin Garnett (ケヴィン・ガーネット) *1976-*

アメリカ出身のバスケットボール選手。オールラウンダーとして活躍。

◇ 2008年、NBAタイトルをとった直後のインタビューで、感極まったガーネットが泣きながら叫んだ言葉。

Attempt 02

" If you want to touch the other shore badly enough, barring an impossible situation, you will. If your desire is diluted for any reason, you'll never make it. "

「何がなんでも対岸にたどりつきたいと思えば、不可能な条件がない限り、できる。願望がなんらかの理由で弱まれば、成し遂げることはできない」

Diana Nyad (ダイアナ・ナイアド) *1949-*

アメリカ出身の女子遠泳選手。

◇ wantと一緒に使われるbadly enoughは「是が非でも;何がなんでも」というニュアンス。diluteは「薄くなる;弱くなる」。1979年、サメや波などの障害と闘ってバハマ諸島のビミニ島とフロリダ間の102.5マイル(165キロ)を泳ぎ切り、外海での世界最長水泳記録を達成、その後も数々の挑戦を続けるナイアドの言葉。

Attempt 03

Eliminate the things that you can't control, and focus on the things you can.

「自分でコントロールできないことを排除して、できることに集中するんだ」

Carl Lewis (カール・ルイス) *1961-*

アメリカ出身の陸上競技選手。4度の五輪で金メダル9つと銀メダル1つを獲得。

◇2010年11月、イギリス・ロンドンでのインタビュー。来たる五輪を前に選手がすべきことを聞かれて。

Attempt 04

The only one who can beat me is me.

「私を倒せるのは、唯一私だけだ」

Michael Johnson (マイケル・ジョンソン) *1967-*

アメリカ出身の陸上競技選手。3回の五輪で計4つの金メダルを獲得。

◇戦うべき相手は常に自分である、ということ。

Attempt 05

You are never really playing an opponent. You are playing yourself, your own highest standards, and when you reach your limits, that is real joy.

「戦っている相手は敵ではない。自分自身と戦っているんだ。自分の最高基準と。限界に届いたとき、それが本当の喜びだ」

Arthur Ashe (アーサー・アッシュ) *1943-1993*
アメリカ出身のテニス選手。黒人テニス選手のパイオニアとして活躍。

◇人格者としても尊敬を集めたアッシュの言葉。

Attempt 06

We have to do the impossible, but it is possible.

「われわれは不可能なことをするしかない。でも、それは可能なんだ」

Kevin Garnett (ケヴィン・ガーネット) *1976-*
アメリカ出身のバスケットボール選手。オールラウンダーとして活躍。

◇ the impossible は「不可能なこと」。the ＋形容詞で抽象名詞となる。

挑む *Attempt*

Attempt 07

"You miss 100% of the shots you don't take."

「打たないショットは100%はずれる」

Wayne Gretzky（ウェイン・グレツキー）*1961-*
カナダ出身のアイスホッケー選手。NHL史上最高の選手と言われる。

◇禅問答のようだが、日本語で言えば「虎穴に入らずんば虎子を得ず」といったところ。何事も挑戦しなければ、成功はない。

Attempt 08

"Pressure is nothing more than the shadow of great opportunity."

「プレッシャーは、絶好のチャンスの気配以外の何物でもない」

Michael Johnson（マイケル・ジョンソン）*1967-*
アメリカ出身の陸上競技選手。3回の五輪で計4つの金メダルを獲得。

◇shadowは「影」という意味でよく使われるが、ここでは「前触れ；前兆」といったニュアンス。

Attempt 09

> **I'm scared every time I go into the ring, but it's how you handle it. What you have to do is plant your feet, bite down on your mouthpiece and say, 'Let's go.'**

「リングに上がるときはいつも怖い。でも、大事なのはその恐怖をどう操るかなんだ。すべきことは、足を踏ん張り、マウスピースをかみ、『さぁ行こう』と言うことだ」

Mike Tyson（マイク・タイソン）*1966-*
アメリカ出身のボクサー。史上最年少でヘビー級世界チャンピオンになる。

◇超人的な強さを誇ったボクサーの人間的な面を表した言葉。

言葉の裏側

"Let's get ready to rumble!"

Michael Buffer（マイケル・バッファー）といえば、その格調高い美声とテンポのよい名調子で、格闘技ファンにお馴染みの人気リングアナウンサー。自動車のセールスマンなどを経て、38歳のときにアメリカのスポーツチャンネルESPNのボクシング番組のアナウンサーとなり、人気を得る。その人気の一端を担ったのが、"Let's get ready to rumble."（戦いの準備はいいか！）というキャッチフレーズだ。r-r-r-rumbllllllleとrとlの部分を延ばすのがバッファー流。このキャッチフレーズで、観客の興奮は頂点に達するのだ。ちなみにrumbleは「けんかをする；騒ぎを起こす」という意味。今日では、格闘技の試合はもちろん、日常生活でも「がんばろう！」の意味で使われている。

Attempt 10

> **I can accept failure. Everyone fails at something. But I can't accept not trying.**

「失敗は受け止められる。誰だって何かしら失敗はする。でも、挑戦しないということは受け入れられないんだ」

Michael Jordan (マイケル・ジョーダン) *1963-*
アメリカ出身のバスケットボール選手。バスケットボールの神様と称される。

◇多くの場面で引用されるジョーダンの名言。

Attempt 11

> **Pressure is something you feel when you don't know what the hell you're doing.**

「プレッシャーとは、自分が何をやっているのかわけがわからないときに感じるものだ」

Peyton Manning (ペイトン・マニング) *1976-*
アメリカ出身のアメリカンフットボール選手。クォーターバックとして活躍。

◇正確には、NFLピッツバーグ・スティーラーズの監督だったChuck Noll (チャック・ノル) の言葉。父親に教えられた当時10歳のマニングの心に響くものだったらしい。スポーツ以外にも通じる名言。

Attempt 12

> **Run with your head the first two thirds of a race and with your heart the final one third.**

「レースは、最初の3分の2を頭で走り、最後の3分の1を心で走れ」

Jack Daniels (ジャック・ダニエルズ) *1933-*
アメリカ出身の陸上競技選手。後に陸上とクロスカントリーのコーチに。

◇トレーニング理論を説いた著書もあるダニエルズの言葉。中距離走のレースについて説いた一節。

Attempt 13

> **You have to expect things of yourself before you can do them.**

「自分に高い期待をしてはじめて物事は可能になる」

Michael Jordan (マイケル・ジョーダン) *1963-*
アメリカ出身のバスケットボール選手。バスケットボールの神様と称される。

◇expect things of yourselfは、expect big things of yourselfのニュアンス。親が子供に I expect things of you. というと「お前が大きい人間になることを期待しているよ」という意味になる。ここでは「自分に高いハードルを与えなければ、何もできない」ということ。

Attempt 14

> **I've always made a total effort, even when the odds seemed entirely against me. I never quit trying; I never felt I didn't have a chance to win.**

「たとえ勝算がまったくないようなときでも、私は常に全力を尽くしてきた。絶対に挑戦をやめなかった。私は勝機がないと感じたことはなかった」

Arnold Palmer（アーノルド・パーマー）*1929-*
アメリカ出身のゴルファー。PGAツアー62勝の名選手。

◇odds are against ... で「~の勝算は少ない」ということ。quit（やめる）は、過去形もquit。

Chapter 06

Triumph

頂点に立つ

Bud Wilkinson
Larry Bird
Dr. Dot Richardson
Jack Dempsey
Billie Jean King
Muhammad Ali
Goran Ivanisevic
Anson Dorrance
Zlatan Ibrahimovic
Evander Holyfield
Novak Djokovic
Bill Bradley
Dan Gable
Paul "Bear" Bryant
Michael Johnson
Bobby Charlton

Chapter 06
頂点に立つ
Triumph

写真：dpa/PANA

アスリートなら誰もが目指す頂点。
2位と頂点の間には、実際の点数や秒数以上の大きな違いがある。
そんな未踏の頂点に上り詰めるためにアスリートは何をし、
そこでどんな景色を見るのか。
写真は、2011年FIFA女子ワールドカップで優勝に輝いた日本女子代表チームの歓喜のシーン。
震災で傷ついた日本に大きな勇気を与えた「なでしこジャパン」の戦いは、
決勝を戦った強豪アメリカのゴールキーパー、Hope Solo（ホープ・ソロ）に
someone bigger（神様）が力を与えているようだったと言わしめる気迫に満ちたものだった。

Triumph 01

> **A winner is someone who recognizes his God-given talents, works his tail off to develop them into skills, and uses these skills to accomplish his goals.**

「勝者とは、天賦の才能を自覚し、それを熟練の技に発展させるべく懸命に努力し、その技を目標達成に使う人のことである」

Larry Bird (ラリー・バード) *1956-*
アメリカ出身のバスケットボール選手。ボストン・セルティックスの黄金期を支える。

◇ work one's tail off は「身を粉にして取り組む；猛烈に働く」ということ。

Triumph 02

> **A champion is someone who gets up when he can't.**

「チャンピオンとは、立ち上がれないときでも立ち上がる人間だ」

Jack Dempsey (ジャック・デンプシー) *1895-1983*
アメリカ出身のボクサー。世界ヘビー級チャンピオン。

◇ダークヒーローから国民的ヒーローになった王者の言葉。

Triumph 03

> **A true champion is someone who wants to make a difference, who never gives up, and who gives everything she has no matter what the circumstances are. A true champion works hard and never loses sight of her dreams.**

「本物のチャンピオンとは、何かを成し遂げたいと願い、決してあきらめず、状況がどうであろうとすべてを捧げる人である。本物のチャンピオンは、一生懸命励み、そして絶対に夢を見失わない」

Dr. Dot Richardson（ドット・リチャードソン）*1961-*
アメリカ出身の女子ソフトボール選手。整形外科医。

◇アトランタ五輪優勝に貢献したリチャードソンは、多忙をきわめる現役の整形外科医と選手を両立していたことで全米の話題となった。上記は、そんな彼女ならではの名言。

Triumph 04

I think luck falls not on just the brave but also on the ones who believe they belong there.

「幸運は勇者だけに訪れるのではなく、自分こそ勝者になると強く信じている者にも訪れる」

Novak Djokovic (ノバク・ジョコビッチ) *1987-*

ユーゴスラビア・セルビア共和国出身のテニス選手。

◇世界ランク1位となった2011年のシーズンを振り返って語った言葉。自身の精神面の成長を認めた。

Triumph 05

Champions keep playing until they get it right.

「チャンピオンはきちんと決着をつけるまでプレーを続ける」

Billie Jean King (ビリー・ジーン・キング) *1943-*

アメリカ出身のテニス選手。女子テニス界の発展に寄与した。

◇get it rightは、「正しくする；あるべき正しい状態にする；決着をつける」といった意味。4大大会をシングルスで12回制覇したキング夫人の言葉。

Triumph 06

> **Champions aren't made in gyms. Champions are made from something they have deep inside them—A desire, a dream, a vision. They have to have last-minute stamina, they have to be a little faster, they have to have the skill and the will. But the will must be stronger than the skill.**

「チャンピオンはジムで作られるものではない。チャンピオンは自らの奥にある願望、夢、考え方といったものから作られる。チャンピオンには土壇場のスタミナがなくてはならない。敵より少しばかり素早く動く必要もある。さらに必要なのは技と意志だ。しかし、意志は技より強くなくてはいけない」

Muhammad Ali (モハメド・アリ) *1942-*
アメリカ出身のボクサー。世界ヘビー級チャンピオン。

◇今も語り継がれるアリの名言の1つ。

Triumph 07

The vision of a champion is someone who is bent over, drenched in sweat, at the point of exhaustion when no one else is watching.

「チャンピオンの姿とは、誰に見られることもなく汗だくになり、息を切らして疲れ果てている人だ」

Anson Dorrance（アンソン・ドーランス）*1951-*

インド生まれのアメリカ人。アメリカ女子サッカー代表チームの監督。世界の女子サッカー発展の礎を築く。

◇アメリカ女子サッカー界最高の選手と言われたミア・ハム選手の姿を見て語った言葉。

Triumph 08

In my head I am the strongest of all. I certainly don't need the Balloon d'Or to prove that I am No. 1.

「僕の中では、僕が最強さ。僕がナンバー1であることを証明するために、バロンドールなど必要ない」

Zlatan Ibrahimovic（ズラタン・イブラヒモビッチ）*1981-*

スウェーデン出身のサッカー選手。ヨーロッパの強豪チームで活躍。

◇バロンドール最終候補者リストに入っていないことがわかった後で。歯に衣着せぬ物言いで知られる彼らしいコメント。

Triumph 09

> **If some angel comes to me in my sleep and says 'Goran you are going to win Wimbledon but you are not able to touch the racket ever again in your life', I would say OK I will never play tennis again.**

「もしも夢の中で天使が僕のもとに来て『ゴラン、あなたはウィンブルドンに勝つわ。でも、人生でもう２度とラケットに触ることはできなくなる』と言ったら、僕は言うだろう。いいよ、もう２度とテニスはしない、と」

Goran Ivanisevic (ゴラン・イワニセビッチ) *1971-*
クロアチア出身のテニス選手。

◇2001年にウィンブルドンで優勝した後のコメント。過去３度準優勝に終わり「無冠の帝王」とも言われていただけに優勝への執念が伝わる。

Triumph 10

> **Suffer now and live the rest of your life as a champion.**

「今苦しんで、残りの人生をチャンピオンとして生きろ」

Muhammad Ali (モハメド・アリ) *1942-*
アメリカ出身のボクサー。世界ヘビー級チャンピオン。

◇シンプルで力強いチャンピオンの言葉。

Triumph 11

We were the world champions, which was a fantastic feeling. I knew that life for me would never be the same again.

「われわれは世界チャンピオンだった。なんとも素晴らしい気分だった。自分の人生が一変したことを悟った」

Bobby Charlton（ボビー・チャールトン）*1937-*

イギリス出身のサッカー選手。17歳でマンチェスター・ユナイテッド入団。後に主将も務める。

◇イングランド代表として戦った1966年の自国開催のFIFAワールドカップで優勝。冷静沈着な彼がそのときのことを語った言葉。

言葉の裏側

"Float like a butterfly, sting like a bee."

"Float like a butterfly, sting like a bee"（蝶のように舞い、蜂のように刺す）――これは、それまで「力任せの殴り合い」の様相を呈していたヘビー級のボクシングに持ち込まれたMuhammad Ali（モハメド・アリ）のスタイル、つまり華麗なフットワークと鋭い左ジャブを形容したもの。アリが言った言葉ではなく、アリを裏方で支えたスタッフ、Drew Bundini Brown（ドゥルー・バンディーニ・ブラウン）が作ったキャッチコピーだが、リングに上がる前にアリとともに叫んだことで世界に広まった。

Triumph 12

A champion shows who he is by what he does when he's tested. When a person gets up and says 'I can still do it,' he's a champion.

「チャンピオンは、試練のときの行動で証明される。立ち上がって『まだできる』と言えるなら、その男はチャンピオンだ」

Evander Holyfield (イベンダー・ホリフィールド) *1962-*
アメリカ出身のボクサー。世界ヘビー級チャンピオン。

◇show who he is は「自分が誰であるかを証明する」ということ。

Triumph 13

Becoming number one is easier than remaining number one.

「ナンバー1になるのは、ナンバー1でい続けるよりたやすい」

Bill Bradley (ビル・ブラッドリー) *1943-*
アメリカ出身のバスケットボール選手。後に合衆国大統領候補に。

◇頂点に上り詰めた後の難しさを言ったもの。

Triumph 14

> Gold medals aren't really made of gold. They're made of sweat, determination, and a hard-to-find alloy called guts.

「金メダルは金でできているわけではない。汗と強い意志、そしてガッツという名の希少な合金でできているんだ」

Dan Gable（ダン・ゲーブル）*1948-*
アメリカ出身のアマチュアレスラー。ミュンヘン五輪で金メダル。後にコーチ。

◇ gutは「内臓」だが、複数形gutsは日本語にもなっている「ガッツ」の意味。

Triumph 15

> If you believe in yourself, have dedication and pride and never quit, you'll be a winner. The price of victory is high, but so are the rewards.

「自分自身を信じ、献身の姿勢とプライドをもち、そして断念しなければ、人は勝者になれる。勝利のために払う代償は大きい。しかし、得るものも多い」

Paul "Bear" Bryant（ポール・ベア・ブライアント）*1913-1983*
アメリカ出身。アメリカンフットボールコーチ。

◇ カレッジフットボール史上最高の監督と言われたブライアントの名言。price（代償）とreward（報酬）はよくセットで使われる単語。

Triumph 16

> **They don't give you gold medals for beating somebody. They give you gold medals for beating everybody.**

「誰かを倒したところで金メダルは得られない。金メダルは全員を倒してこそ得られるものなんだ」

Michael Johnson (マイケル・ジョンソン) *1967-*
アメリカ出身の陸上競技選手。3回の五輪で計4つの金メダルを獲得。

◇競技の核心をついた言葉。

Triumph 17

> **If you are going to be a champion, you must be willing to pay a greater price than your opponent will ever pay.**

「君がチャンピオンになるということは、対戦相手が払うより多くの代償をすすんで払うということだ」

Bud Wilkinson (バド・ウィルキンソン) *1916-1994*
アメリカ出身のアメリカンフットボール選手。コーチとしても活躍。

◇ willing to ... は「すすんで〜する」ということ。pay a price は「代償を払う；犠牲を払う」。

Chapter 07
Manage

揺れる

Vince Lombardi
Tiger Woods
Martina Navrátilová
Muhammad Ali
Lou Holtz
Reggie Jackson
John Wooden
Willie Mays
Hank Aaron
Tommy Bolt
Arthur Ashe
Terry Bradshaw
Scotty Bowman
Arsène Wenger
Steffi Graf
Brian Clough

Chapter 07
揺れる
Manage

写真：AFP＝時事

トップアスリートたちは、注目される分、逆風も受けやすい。
気まぐれなファンやマスコミは、ある試合を境に態度を一変させることもある。
David Beckham（デビッド・ベッカム）も、そんな世間の洗礼を受けた1人だ。
1998年にフランスで開催されたFIFAワールドカップ決勝トーナメント1回戦。
対するアルゼンチンのDiego Simeone（ディエゴ・シメオネ）の執拗なマークに
イライラを募らせていた彼は、倒された際にシメオネを蹴って一発退場。
"Ten brave lions, one stupid boy"（10人の勇敢なライオンと1人の愚かな若者）と
書き立てるマスコミやサポーターから敗戦の戦犯とされてバッシングを受ける。
その後も世論の激しい非難は続くが、活躍を続けることで批判をはねのけたベッカム。
4年後のピッチには、イングランド代表キャプテンとして戦う彼の姿があった。

Manage 01

It's easy to have faith in yourself and have discipline when you're a winner, when you're number one. What you got to have is faith and discipline when you're not a winner.

「勝者であるとき、ナンバー1であるとき、自信や自制心をもつのは簡単だ。勝者でないときこそ、もたなくてはいけないのが信念や自制心なのだ」

Vince Lombardi (ヴィンス・ロンバルディ) *1913-1970*
アメリカ出身。アメリカンフットボールの名コーチ。

◇この discipline は「規律；自制心」。

Manage 02

It isn't the mountains ahead to climb that wear you out; it's the pebble in your shoe.

「君を疲れさせているのは、目の前の登るべき山ではなく、とるに足らない厄介事だ」

Muhammad Ali (モハメド・アリ) *1942-*
アメリカ出身のボクサー。世界ヘビー級チャンピオン。

◇ wear ... out は「〜を疲れさせる；疲弊させる」。直訳すれば「靴の中の小石」となる pebble in the shoe は、しばしば「(耳の痛い) 忠告をする人」の比喩として使われるが、ここでは「とるに足らない小さな問題」のニュアンス。

Manage 03

> **One of the things that my parents have taught me is never listen to other people's expectations. You should live your own life and live up to your own expectations, and those are the only things I really care about it.**

「両親が私に教えてくれたことのひとつは、他人の期待に耳を傾けるな、ということ。人は自分自身の人生を送るべきであり、自分自身の願望に応えるべきである。それこそ私が本当に大切にしている唯一のことだ」

Tiger Woods (タイガー・ウッズ) 1975-

アメリカ出身のゴルファー。プロに転向したその年に7勝を上げ、PGAツアー史上最年少賞金王に。

◇ live up to は「(期待などに) 応える」。your own expectations は、「自分に対する期待」というより「自分が〜したいという思い」の意味合い。care about ... は「大事にする;気にかける」。

Manage 04

What's the worst thing that can happen to a quarterback? He loses his confidence.

「クォーターバックにとって最悪な事態は何かって?　自信を失うことだよ」

Terry Bradshaw（テリー・ブラッドショー）*1948-*
アメリカ出身のアメリカンフットボール選手。ピッツバーグ・スティーラーズのクォーターバックとして活躍。

◇攻撃の基点となる花形ポジションについて語った言葉。

Manage 05

There's nothing so uncertain as a sure thing.

「確実だと思うものほど、不確実なものはない」

Scotty Bowman（スコッティ・ボウマン）*1933-*
カナダ出身。アイスホッケーのコーチ。監督としてスタンレーカップ優勝9回を誇る。

◇sure thing は「確かなこと；確実視されているもの」という意味。NHL 史上有数の名将と言われるボウマンの名言。

Manage 06

> **You're never as good as everyone tells you when you win, and you're never as bad as they say when you lose.**

「勝つとき、君は人が言うほど素晴らしくはない。負けるときの君は、人が言うほど悪くない」

Lou Holtz (ルー・ホルツ) *1937-*
アメリカ出身。アメリカンフットボールのコーチ。カレッジフットボールの名将。

◇カレッジフットボール史上有数の名将であり、引退後、モチベーショナル・スピーカーとしても活躍するホルツならではの印象的な言い回し。

Manage 07

> **I know where I'm going and I know the truth, and I don't have to be what you want me to be. I'm free to be what I want.**

「私は、自分の進む先を知っているし、真実を悟っている。人が望む自分である必要はない。私は自分が望むままにいればいいんだ」

Muhammad Ali (モハメド・アリ) *1942-*
アメリカ出身のボクサー。世界ヘビー級チャンピオン。

◇ free to ... は「自由に〜できる；〜するのは勝手だ」という意味。

Manage 08

Fans don't boo nobodies.

「ファンは、とるに足らない人間にはブーイングをしない」

Reggie Jackson (レジー・ジャクソン) *1946-*
アメリカ出身の野球選手。ワールドシリーズの大活躍により Mr. October の異名もとる。

◇この nobody は「名もない人」「つまらない人」「雑魚」という意味。豪快な性格で問題発言も多かったが、人気者だったジャクソンの言葉。

Manage 09

You have little control over what criticism or praise outsiders send your way. Take it all with a grain of salt.

「他人から送られる批判や称賛は、自分ではどうすることもできない。話半分に聞くことだ」

John Wooden (ジョン・ウドゥン) *1910-2010*
アメリカ出身のバスケットボール選手。後にコーチ。UCLA全盛期の名将。

◇take ... with a grain of salt はイディオムだが、語源には諸説あり、「一粒の塩を加えて食べる」から転じて「塩気のないもの (=信用しがたい話) はそのまま食べられない (聞けない)」ので「話半分に聞く」という意味になったとするもの、a grain of salt =「1粒の塩程度のとるに足らないもの」から、「価値のないものと受け止める」の意味になったとするものなどがある。

Manage 10

" We do not buy superstars. We make them. "

「われわれはスーパースターを買っているのではない。作っているのだ」

Arsène Wenger (アーセン・ベンゲル) *1949-*

フランス出身。サッカー指導者。1996年よりイングランドのアーセナルFCで監督を務める。

◇名将ベンゲルがクラブの選手補強の方針について語った言葉。

Manage 11

CD-16

" It isn't hard to be good from time to time in sports. What is tough, is being good every day. "

「スポーツにおいては、ときに調子を保つことが難しい。大変なのは、毎日、好調でいることだ」

Willie Mays (ウィリー・メイズ) *1931-*

アメリカ出身の野球選手。攻守ともに優れ、オールスターにも連続20回出場。

◇from time to time は「ときどき」。

Manage 12

When you lose a couple of times, it makes you realize how difficult it is to win.

「何回か負けると、勝つことがいかに難しいか理解できる」

Steffi Graf (シュテフィ・グラフ) 1969-

ドイツ出身の女子テニス選手。4大大会シングルス22勝の記録をもつ。

◇他選手の例にもれず、ケガに泣き、順位を落としたシーズンを経験したグラフの言葉。

言葉の裏側

"How much money do you have?"

1996年7月のウィンブルドン女子準決勝、伊達公子（現・クルム伊達公子）対 Steffi Graf（シュテフィ・グラフ）。第2セットの途中で突然、グラフに会場のファンから "Steffi, will you marry me?"（僕と結婚して）との声がかかる。この"プロポーズ"に対し、グラフが返した言葉は "How much money do you have?"（いくら持ってるの?）。当時、実父の脱税事件が取りざたされていた彼女ならではのブラックジョークとしても受け取られたが、どんな場面でも表情を崩さない鉄の女王が、照れ笑いのような表情とともに見せたナイスリターンに、張りつめた会場は笑いに包まれた。ちなみに、このセットは伊達が6-2で奪ったものの、日没順延となって流れが変わり、2日にわたったゲームはグラフに軍配が上がった。

Manage 13

> **My motto was always to keep swinging. Whether I was in a slump or feeling badly or having trouble off the field, the only thing to do was keep swinging.**

「私のモットーは、常にあきらめずに続けることだった。スランプにあるとき、気分の悪いとき、フィールド外でトラブルを抱えているとき、いつでもすべきことはひとつ、あきらめずにトライし続けることだった」

Hank Aaron (ハンク・アーロン) *1934-*

アメリカ出身の野球選手。通算ホームラン755本の大記録を残す。

◇keep …ing は「～をし続ける」。上司が部下に「あきらめずにトライしろ」というときにも Keep swinging. が使われる。20年間にわたりホームランを年20本以上打ち続けるなど、長年活躍したアーロンの勤勉さがうかがえる言葉。

Manage 14

> **Start where you are. Use what you have. Do what you can.**

「今いるところから始めよ。持っているものを使え。できることをするんだ」

Arthur Ashe (アーサー・アッシュ) *1943-1993*

アメリカ出身のテニス選手。黒人テニス選手のパイオニアとして活躍。

◇逆境に負けず、地道にキャリアを積み上げていったアッシュの言葉。

Manage 15

> **The mark of great sportsmen is not how good they are at their best, but how good they are at their worst.**

「偉大なスポーツマンの証は、絶好調のときではなく、絶不調のときによいプレーができるかどうかである」

Martina Navrátilová (マルチナ・ナブラチロワ) *1956-*

チェコ(旧チェコスロバキア)出身の女子テニス選手。ウィンブルドン最多優勝(9勝)などの記録をもつ。

◇優れたスポーツ選手の条件について語った女王の言葉。

Manage 16

The mind messes up more shots than the body.

「身体より心がショットをメチャクチャにするんだ」

Tommy Bolt (トミー・ボルト) *1916-2008*
アメリカ出身のゴルファー。

◇ショットのテクニックには定評があったものの、すぐに短気を起こしてクラブを地面にたたきつけたり、池に放り込んだりというエピソードに事欠かなかったボルトの言葉。ちなみに、そうしたボルトの行為から、「故意にクラブを破損したら罰金を課す」というトミー・ボルト法も制定された(1960年まで適用)。

Manage 17

Players lose you games, not tactics. There's so much crap talked about tactics by people who barely know how to win at dominoes.

「選手たちは試合に負けるのであって、戦術に負けるのではない。ドミノの勝ち方さえ知らないような人々が戦術についてあれこれ語りすぎる」

Brian Clough (ブライアン・クラフ) *1935-2004*
イギリス出身のサッカー選手。後にノッティンガム・フォレストFCなどの監督として手腕を発揮。

◇歯に衣着せぬ物言いと型破りな行動で知られた名将が、ユーロ2000でのイギリスの敗退について語った言葉。dominoは幼児でもできる簡単なゲームの例え。

Chapter 08

Overcome 乗り越える

Muhammad Ali
Steffi Graf
Michael Jordan
Maurice Greene
Kobe Bryant
Mario Andretti
Kieren Perkins
Satchel Paige
John Wooden
Lance Armstrong
Dennis Rodman
George Halas
Ryan Hall
Vince Lombardi
Marv Levy
Lenny Wilkens
Arthur Ashe
Mia Hamm
Bobby Jones

Chapter 08
乗り越える
Overcome

トップアスリートの前には、乗り越えなくてはいけない壁が次々と立ちふさがる。
それはケガやスランプ、マスコミ、私的な問題などさまざまだ。
バンクーバー五輪では、カナダ出身のフィギアスケート選手、
Joannie Rochet（ジョアニー・ロシェット）に大きな壁が立ちはだかった。
女子シングル開幕直前に母親が心臓発作で急逝したのだ。
しかしロシェットは悲しみをこらえて出場し、銅メダルを獲得。
彼女は試合を振り返り"I had to be Joannie the athlete and not the person."
（私は、一個人としてのジョアニーでなくアスリートのジョアニーにならなくてはいけなかった）と語った。

Overcome 01

Inside of a ring or out, ain't nothing wrong with going down. It's staying down that's wrong.

「リングの中であれ外であれ、倒れるのがいけないのではない。倒れたままなのがいけないのだ」

Muhammad Ali（モハメド・アリ）*1942-*
アメリカ出身のボクサー。世界ヘビー級チャンピオン。

◇ go down は「倒れる;沈む」、stay down は「しゃがんだままでいる」。負けても、次の試合での勝利を目指すアリの不屈の精神を表した言葉。

Overcome 02

I've failed over and over and over again in my life and that is why I succeed.

「私は人生において何度も失敗した。だからこそ成功したんだ」

Michael Jordan（マイケル・ジョーダン）*1963-*
アメリカ出身のバスケットボール選手。バスケットボールの神様と称される。

◇ 1991年のインタビューで語った言葉。後にスポーツ用品メーカーのCMとしても使われた。

Overcome 03

You can't measure success if you have never failed.

「一度も失敗していなければ、成功が何かを知ることなどできない」

Steffi Graf (シュテフィ・グラフ) *1969-*
ドイツ出身の女子テニス選手。4大大会シングルス22勝の記録をもつ。

◇measureは「測る；評価する」。

Overcome 04

When I think about what's happened this past year, I think so much of it is just because of the ability to get back up, and just get back on the horse.

「この1年に起きたことについて思い返せば、立ち上がって再び挑戦することができたからこその1年だったように思う」

Ryan Hall (ライアン・ホール) *1982-*
アメリカ出身の長距離走選手。

◇2008年、Endurance Sports Awardsの受賞スピーチで。get back upは「再び立ち上がる；立ち直る」。get back on the horseで「(以前失敗したことに)再び挑戦する」という意味。

Overcome 05

If you're trying to achieve, there will be roadblocks. I've had them; everybody has had them. But obstacles don't have to stop you. If you run into a wall, don't turn around and give up. Figure out how to climb it, go through it, or work around it.

「何かを成し遂げようとすれば、道を阻むものは現れる。私の前にも現れたし、誰の前にも現れる。しかし障害物があったからといって、歩みを止めなければいけないわけではない。壁にぶち当たっても、Uターンしてあきらめたりしてはいけない。どうすれば登れるか、通り抜けられるか、回り込めるかを考え出すのだ」

Michael Jordan (マイケル・ジョーダン) *1963-*
アメリカ出身のバスケットボール選手。バスケットボールの神様と称される。

◇ run into は「ぶつかる；ぶち当たる」、figure out は「(答えを) 見つけ出す；考え出す」、go through は「通り抜ける；切り抜ける」。work around は「対処する」という意味だが、「(代案を見つけたり、方向を変えたりなどして) 何とかする」というニュアンス。

Overcome 06

> **I never thought of losing, but now that it's happened, the only thing is to do it right. That's my obligation to all the people who believe in me. We all have to take defeats in life.**

「負けることなど考えたことがなかった。でも、それが起きてしまったからには、きちんと負けなければいけない。それが、私を信じてくれたすべての人々に対する義務である。誰の人生にも負けを受け入れなくてはならないときがある」

Muhammad Ali (モハメド・アリ) *1942-*
アメリカ出身のボクサー。世界ヘビー級チャンピオン。

◇now thatは「〜からには；今や〜なので」というニュアンス。1973年、ケン・ノートンに負けた後のコメント。約半年後に雪辱を果たす。

Overcome 07

> **I never learned anything from a match that I won.**

「勝った試合からは何も学ばなかった」

Bobby Jones (ボビー・ジョーンズ) *1902-1971*
アメリカ出身のゴルファー。生涯アマチュアを通す。

◇人は、敗れたときこそ多くの教訓を得るものだということ。

Overcome 08

> **Weather is uncontrollable. Only the Lord above can control the weather. Whatever we get, we have to work with.**

「天気は思い通りにならない。天にまします神のみぞ知る、だ。何が与えられようが、うまくやらなくちゃいけない」

Maurice Greene（モーリス・グリーン）*1974-*
アメリカ出身の陸上競技選手。シドニー五輪の100メートルで優勝を飾る。

◇ the Lord は「神」のこと。work with は「協力する；連携する；順応する」といった意味。

Overcome 09

> **Everything negative—pressure, challenges—is all an opportunity for me to rise.**

「プレッシャー、課題といったネガティブなものひとつひとつが、僕にとっては向上するチャンスなんだ」

Kobe Bryant（コビー・ブライアント）*1978-*
アメリカ出身のバスケットボール選手。ロサンゼルス・レイカーズのスター選手。

◇ challenge は「挑戦；課題；難題」。

Overcome 10

> **Being your best is not so much about overcoming the barriers other people place in front of you as it is about overcoming the barriers we place in front of ourselves.**

「最善の自分でいるということは、他人が目の前に設ける壁を乗り越えることでなく、自分の前に自分で置いた壁を乗り越えることだ」

Kieren Perkins (キーレン・パーキンス) *1973-*

オーストラリア出身の競泳選手。アトランタ五輪の金メダリスト。

◇not so much A as B は「AというよりB」という意味。

Overcome 11

> **Never let your head hang down. Never give up and sit down and grieve. Find another way.**

「うな垂れるな。あきらめるな。へたり込んで嘆いたりするな。別の方法を探せ」

Satchel Paige (サチェル・ペイジ) *1906-1982*

アメリカ出身の野球選手。ニグロリーグからMLBへ。

◇hang down one's head で「顔を伏せる;頭を垂れる」。ペイジは、ニグロリーグで投手として活躍するが、人種差別制度に阻まれ、MLBデビューしたのは40歳を越えていた。

Overcome 12

Circumstances may cause interruptions and delays, but never lose sight of your goal. Prepare yourself in every way you can by increasing your knowledge and adding to your experience, so that you can make the most of opportunity when it occurs.

「周囲の状況は中断や遅れの原因となるかもしれない。でも、目標を見失ってはいけない。知識を増やし、経験を積み、可能な限りの方法で準備をすれば、チャンスが訪れたとき、それを最大限利用することができる」

Mario Andretti（マリオ・アンドレッティ）*1940-*
現クロアチア・モトヴン（当時イタリア領）出身、アメリカ国籍のF1レーサー。1978年のF1ワールドチャンピオン。

◇さまざまな要因が勝敗を決するモータースポーツの世界で戦うレーサーの言葉。make the most of ... は「〜を最大限に利用する」。

Overcome 13

> **Do not let what you cannot do interfere with what you can do.**

「できないことに気をとられて、できることができなくなってはいけない」

John Wooden (ジョン・ウドゥン) *1910-2010*
アメリカ出身のバスケットボール選手。後にコーチ。UCLA全盛期の名将。

◇ Do not let A interfere with B. は直訳すれば「AにBを邪魔させてはいけない」という意味。

Overcome 14

> **Pain is temporary. It may last a minute, or an hour, or a day, or a year, but eventually it will subside and something else will take its place. If I quit, however, it lasts forever.**

「痛みは一時的なものだ。1分、1時間、1日、1年続くかもしれないが、それはいずれ治まり、何かがとって替わる。しかし、もし断念したら、痛みは一生続くのだ」

Lance Armstrong (ランス・アームストロング) *1971-*
アメリカ出身の自転車ロードレース選手。ガンとの闘いの後、ツール・ド・フランス7連覇。

◇ subside は「おさまる;静まる」、take one's place は「〜にとって替わる;交代する」。最後のitはpainのことだが、このpainは肉体の痛みというよりも心の痛み。つまり断念した悔しさということ。

Overcome 15

Adversity is an opportunity for heroism.

「逆境は勇気を示すチャンスである」

Marv Levy（マーヴ・レヴィ）1925-
アメリカ出身のアメリカンフットボールのコーチ。アメリカとカナダで活躍。

◇heroism は「英雄的資質；英雄的行為；勇気」の意味。

Overcome 16

This game has been very good to me… I could have been dead, I could have been a drug dealer, I could have been homeless—I was homeless. It took a lot of hard work and a lot of bumps along the road.

「このスポーツをやって本当によかった。僕は、死んでいてもおかしくはなかったし、薬の売人になっていた可能性だってあった。ホームレスだったかもしれない──実際、僕はホームレスだったんだけど。ここに来るまでにたくさん努力したし、大変なことはたくさんあった」

Dennis Rodman（デニス・ロッドマン）1961-
アメリカ出身のバスケットボール選手。NBA屈指のリバウンダー。

◇2011年、バスケットボール殿堂入りの際のスピーチの一節。奇抜なファッション、女装癖などコート外での話題にも事欠かなかったロッドマン。この日も派手な衣装で登壇したが、涙ながらに恩人らへの感謝の言葉を述べて感動を呼んだ。

Overcome 17

If you fail the first time, that's just a chance to start over again.

「初めて失敗したなら、それこそがもう一度やり直すチャンスだ」

Lenny Wilkens (レニー・ウィルケンズ) *1937-*
アメリカ出身のバスケットボール選手。後にNBAコーチ。選手、コーチ両方の立場で殿堂入り。

◇ start over は「やり直す」。

Overcome 18

I do not accept defeat. I have learned to live with defeat, but each loss is agony which remains with me for several days and is dissipated only by the growing prospect of a victory.

「負けは受け入れない。負けに耐えることはできるようになったが、それでも負ければその度に何日も苦しみが残る。その苦しみは、勝利の予感がふくらんできて初めて消えるんだ」

George Halas (ジョージ・ハラス) *1895-1983*
アメリカ出身。野球界を引退した後、アメリカンフットボールに転向。

◇ live with は「ともに暮らす」から転じて、ここでは「耐える；甘受する；我慢して何とかやっていく」の意味。agony は「（長く続く）痛みや苦しみ」、dissipate は「消えてなくなる」。

Overcome 19

It does not matter how many times you get knocked down, but how many times you get up.

「何回打ちのめされたかが問題ではない。何回立ち上がったかである」

Vince Lombardi（ヴィンス・ロンバルディ）*1913-1970*

アメリカ出身。アメリカンフットボールの名コーチ。

◇but以下は、it's how many times you get up that matters. の略。

"The thrill of victory, and the agony of defeat!"

1970年代の終わりに放映されていたアメリカのスポーツ番組ABC's Wide World of Sportsのオープニングは、さまざまな競技シーンとともに流れるスポーツキャスター、Jim McKay（ジム・マッケイ）の語るドラマチックなナレーションが印象的だった。曰く……"Spanning the globe to bring you the constant variety of sport! The thrill of victory, and the agony of defeat! The human drama of athletic competition. This is ABC's Wide World of Sports!"（世界中のスポーツシーンを次々と伝えていきます！ 勝利の歓喜、敗北の痛み！ スポーツ競技の人間ドラマ。ABCワイド・ワールド・オブ・スポーツです）。毎度流れるナレーションは人々の耳に馴染み、the thrill of victory（勝利の歓喜）とthe agony of defeat（敗北の痛み）は、とくにスポーツの場面ではお馴染みのフレーズとなった。ちなみに、the agony of defeatの箇所で流れるのは、スキーヤーが滑走路をはずれて転落する痛々しいシーン。that guy who crashed（クラッシュ＝転倒した男）としてアメリカ人の記憶に残っているのは、スロベニアのスキー選手Vinko Bogataj（ヴィンコ・ボガタイ）だ。彼は後にABCのインタビューを受けているが、ABCに向かう途上で小さな自動車事故に遭い、"Every time I'm on ABC, I crash."（ABCではいつも私はクラッシュする）と言ったとか。

Overcome 20

> **Without cancer, I never would have won a single Tour de France. Cancer taught me a plan for more purposeful living, and that in turn taught me how to train and to win more purposefully. It taught me that pain has a reason, and that sometimes the experience of losing things—whether health or a car or an old sense of self—has its own value in the scheme of life. Pain and loss are great enhancers.**

「ガンを患わなければ、ツール・ド・フランスで一勝もできなかっただろう。ガンは僕に、目的のある人生を生きる道を示してくれた。そして同時に、目的をもってトレーニングし、勝つ、ということを教えてくれた。痛みには理由があること、ときに健康や車、かつての自我といったものを喪失する経験が、人生設計において特別な価値をもつことを教えてくれた。痛みと喪失は偉大な増進剤なんだ」

Lance Armstrong (ランス・アームストロング) *1971-*
アメリカ出身の自転車ロードレース選手。ガンとの闘いの後、ツール・ド・フランス7連覇。

◇雑誌のインタビューで語った言葉。enhancer は「enhance (高める；強める；増進する) するもの」ということ。

Overcome 21

Failure is not fatal, but failure to change might be.

「失敗は致命的ではない。変われなければ、それこそが致命的になりうる」

John Wooden (ジョン・ウドゥン) *1910-2010*

アメリカ出身のバスケットボール選手。後にコーチ。UCLA全盛期の名将。

◇ failure to change は、直訳すれば「変わることへの失敗」つまり「変われない」ということ。might be の後に fatal（致命的）が省略されている。

Overcome 22

The greatest accomplishment is not in never falling, but in rising again after you fall.

「偉大な功績とは、一度も倒れないことではない。倒れた後の復活にこそ偉大さがある」

Vince Lombardi (ヴィンス・ロンバルディ) *1913-1970*

アメリカ出身。アメリカンフットボールの名コーチ。

◇ fall は「倒れる；失脚する；転落する」といった意味。

Overcome 23

Without the wind in my face I could not have flown so high.

「逆風がなければ、これほど高く飛べなかっただろう」

Arthur Ashe（アーサー・アッシュ）*1943-1993*
アメリカ出身のテニス選手。黒人テニス選手のパイオニアとして活躍。

◇the wind in one's face は「向かい風；逆風」のこと。人種問題と闘ったアッシュならではの言葉。

Overcome 24

Failure happens all the time. It happens every day in practice. What makes you better is how you react to it.

「失敗はいつだって起こる。毎日の練習でも失敗はある。上達とは、それにどう反応するかである」

Mia Hamm（ミア・ハム）*1972-*
アメリカ出身の女子サッカー選手。FIFA女子最優秀選手にも選ばれている。

◇15歳で代表に選出されて以来、17年間にわたって女子サッカー界をけん引してきたハムは努力の人でもあった。

Chapter 09

Cooperate 共に戦う

Babe Ruth
Michael Jordan
Paul "Bear" Bryant
Magic Johnson
Babe Didrikson Zaharias
Vince Lombardi
Lou Holtz
Tommy Lasorda
Eddie Robinson
Red Blaik
Fred Shero
Sparky Anderson
Knute Rockne
Mia Hamm

Chapter 09
共に戦う
Cooperate

写真：EPA＝時事

チームスポーツに欠かせないのがチームワーク。
絆の力は個々人からときとして思わぬパワーを引き出し、
また、観る者の気持ちを揺さぶる。
NBA2008〜09年シーズンを制したロサンゼルス・レイカーズの合い言葉は
"1, 2, 3, ring!"だった。
ring（リング）とは、優勝チームのメンバーに与えられる指輪のこと。
NBA、MLB、NFLなどアメリカのメジャースポーツでは、
チャンピオンリングこそ勝者の証であり、ringへの選手たちの思い入れは非常に強い。
シーズン制覇後、監督のPhil Jackson（フィル・ジャクソン）は、
ringは「ただの金の輪」ではなく「選手たち全員をつなぐ輪」でもあると語った。

Cooperate 01

The strength of the group is the strength of the leaders.

「グループの力は、リーダーの力である」

Vince Lombardi (ヴィンス・ロンバルディ) *1913-1970*
アメリカ出身。アメリカンフットボールの名コーチ。

◇チームスポーツのある種の神髄を表した言葉。

Cooperate 02

I don't want you to work for me but with me.

「私のためにやってほしいのではない。私と一緒にやってほしいんだ」

Fred Shero (フレッド・シェロ) *1925-1990*
カナダ出身のアイスホッケー選手。後に監督、ジェネラルマネジャー。

◇ケガにより選手生命の閉ざされたシェロは、コーチとしてキャリアをスタートさせる。初ミーティングで彼は、コーチとして初心者であること、チームの成功には全員の力が必要であることを真摯に語ったという。チームの状況はこれで劇的に改善した。

Cooperate 03

Talent wins games, but teamwork and intelligence wins championships.

「才能で数試合は勝てるが、チームワークと知性がなければ優勝はできない」

Michael Jordan(マイケル・ジョーダン) 1963-
アメリカ出身のバスケットボール選手。バスケットボールの神様と称される。

◇ 直訳すれば、「才能で数試合は勝てる。チームワークと知性で選手権を勝てる」。「個々の才能があってもチームワークと知性がなければ本当に強いチームにはなれない」ということ。

Cooperate 04

Confidence is contagious. So is lack of confidence.

「自信は伝染する。自信の欠如も伝染する」

Vince Lombardi(ヴィンス・ロンバルディ) 1913-1970
アメリカ出身。アメリカンフットボールの名コーチ。

◇ contagiousは「接触伝染性の(接触によって感染する)；人から人に広がりやすい」という意味。強豪チームを率いてきた名将ならではの名言。

Cooperate 05

> **Ask not what your teammates can do for you.**
> **Ask what you can do for your teammates.**

「チームメイトが君に何をしてくれるかを問うな。君がチームメイトのために何ができるかを問え」

Magic Johnson（マジック・ジョンソン）*1959-*
アメリカ出身のバスケットボール選手。NBA屈指のポイントガードとして活躍。

◇ケネディ元アメリカ大統領の有名な言葉、"Ask not what your country can do for you, ask what you can do for your country."（国が何をしてくれるかではなく、国のために何ができるかを問え）のスポーツ版。

Cooperate 06

> **In order to have a winner, the team must have a feeling of unity; every player must put the team first—ahead of personal glory.**

「勝利するチームを築くには、チームに団結の意識をもたせねばならない。すべての選手は、個人の栄誉よりまずチームを一番に考えなくてはいけない」

Paul "Bear" Bryant（ポール・ベア・ブライアント）*1913-1983*
アメリカ出身。アメリカンフットボールコーチ。

◇have a winner＝have a winning teamは、つまり「勝利するチームを築く」という意味。

Cooperate 07

Winning has always meant much to me, but winning friends has meant the most.

「勝利は昔から私にとって大きな意味をもってきた。しかし何より大きな意味をもつのは、勝ちとってきた友情だ」

Babe Didrikson Zaharias (ベーブ・ディドリクソン・ザハリアス) *1911-1956*
アメリカ出身の女子ゴルファー。ロサンゼルス五輪では陸上選手として活躍。

◇mean much は「大きな意味がある；大きな励ましになる」。win friends は「友だちになる；味方につける」という意味。

Cooperate 08

The achievements of an organization are the results of the combined effort of each individual.

「組織の実績は、個々人の努力の結集である」

Vince Lombardi (ヴィンス・ロンバルディ) *1913-1970*
アメリカ出身。アメリカンフットボールの名コーチ。

◇チームの成功にはチームプレーが不可欠で、それを支えるのは個人であるということ。

Cooperate 09

All winning teams are goal-oriented. Teams like these win consistently because everyone connected with them concentrates on specific objectives. They go about their business with blinders on; nothing will distract them from achieving their aims.

「勝者のチームはすべて目的がはっきりしている。こうしたチームは、全員がある目的に集中して結束しているから、常に勝つ。彼らは目隠ししても仕事をこなす。何者も、目的を果たそうとする彼らを邪魔することはできない」

Lou Holtz (ルー・ホルツ) *1937-*

アメリカ出身。アメリカンフットボールのコーチ。カレッジフットボール史上有数の名将。

◇「目的意識」について語った言葉。teams like these は具体的に NFL の強豪サンフランシスコ・49ers、グリーンベイ・パッカーズ、ダラス・カウボーイズを指している。

Cooperate 10

I am a member of a team, and I rely on the team, I defer to it and sacrifice for it, because the team, not the individual, is the ultimate champion.

「私はチームの一員である。チームを信頼し、チームの意見に従い、チームのために犠牲にもなる。なぜなら、個人ではなくチームこそが最終的に目指すべきチャンピオンだから」

Mia Hamm (ミア・ハム) 1972-

アメリカ出身の女子サッカー選手。FIFA女子最優秀選手にも選ばれている。

◇ defer to ... は「〜に従う」。著書で語った言葉。

言葉の裏側

"Squeaky-bum time"

Alex Ferguson (アレックス・ファーガソン) といえば、イングランド・サッカー1部リーグ (プレミアリーグ) の強豪、マンチェスター・ユナイテッドを1986年から率いる監督。David Beckham (デビッド・ベッカム) ら選手の育成でとくに手腕を発揮してきた名将だ。一方、気が短く、ストレートな物言いでも知られ、ユニークな言葉も数々残している。"It's getting tickly now—squeaky-bum time, I call it." (だんだん吐き気がしてきたよ。尻がキーキー言う時期ってことだ) は、宿敵アーセナルFCとのタイトル争いに拍車がかかっていた2002〜03年シーズン終盤に言ったもの。squeakyは「きしむ；キーキー言う」という意味の形容詞で、bumはイギリス英語の俗語で「尻」のこと。つまり、試合を観ていてもベンチに尻を落ち着けていられない、というニュアンスだ。ファーガソンのこの造語squeaky-bum timeは、「緊張の高まるシーズン終盤」を表す言葉として、今ではサッカー界に広く浸透している。

Cooperate 11

> **The way a team plays as a whole determines its success. You may have the greatest bunch of individual stars in the world, but if they don't play together, the club won't be worth a dime.**

「チーム全体のプレーが成功を決めるんだ。世界のスターたちがどれほどいたところで、一丸となってプレーしなければ、そのクラブには価値がない」

Babe Ruth（ベーブ・ルース）*1895-1948*
アメリカ出身の野球選手。野球の神様と言われ、親しまれた。

◇人気者ながらチームワークを乱すとしてトレードされたこともあるベーブ・ルースが、チームプレーについて語った言葉。not worth a dime は「10セントの価値もない」＝「ほとんど価値がない」ということ。

Cooperate 12

> **The secret is to work less as individuals and more as a team. As a coach, I play not my eleven best, but my best eleven.**

「秘訣は、個人よりチームとして動くことだ。コーチとして私は、1〜11番目の選手ではなく、11人のベストな選手をプレーさせる」

Knute Rockne (ニュート・ロックニー) *1888-1931*
ノルウェー出身のアメリカ人。アメリカンフットボール選手。後にコーチ。

◇トリッキーな表現だが、つまり選手は順位付けする対象ではなく、一緒に戦う仲間ということ。ノートルダム大学アメフト部の名将として名を馳せたロックニーの名言。

Cooperate 13

> **Success isn't something that just happens—success is learned, success is practiced and then it is shared.**

「成功はたまたま起きるものではない。習得され、実践され、そして共有されるものだ」

Sparky Anderson (スパーキー・アンダーソン) *1934-2010*
アメリカ出身の野球選手。後に監督として才能を発揮。

◇ナショナルリーグ、アメリカンリーグ両方を制した最初の監督となったアンダーソンの言葉。

Cooperate 14

> Leadership, like coaching, is fighting for the hearts and souls of men and getting them to believe in you.

「コーチングと同様、リーダーシップとは、人々の心や魂をつかむために戦い、自分を信じてもらうことである」

Eddie Robinson (エディー・ロビンソン) *1919-2007*
アメリカ出身。アメリカンフットボールのコーチ。カレッジフットボールの名将。

◇ fight for は「〜のために戦う；〜をつかむために戦う」。

Cooperate 15

> Good guys are a dime a dozen, but an aggressive leader is priceless.

「いいヤツならいくらでもいる。しかし、挑戦的なリーダーは非常に貴重だ」

Red Blaik (レッド・ブレイク) *1897-1989*
アメリカ出身。アメリカンフットボールのコーチ。陸軍士官学校でアメフトチームを指揮。

◇ a dime a dozen は「dime (10セント) で dozen (1ダース) 買えるほど安いもの」、つまり「ありふれているもの」の意味。

Cooperate 16

> **My responsibility is to get my twenty-five guys playing for the name on the front of their uniform and not the one on the back.**

「私の責務は、この25人の男たちを、ユニフォームの背中の名前でなく、胸の名前のためにプレーさせることだ」

Tommy Lasorda(トミー・ラソーダ) *1927-*
アメリカ出身の野球選手。後にロサンゼルス・ドジャースの監督を20年間務める。

◇ユニフォームの背中(後ろ)に書かれている名前とは、つまり個人名。胸(前)に書かれているのはチーム名。

Chapter 10

Enjoy

楽しむ

Jackie Joyner Kersee
Emil Zatopek
Hank Aaron
Ken Griffey Jr.
Don Carter
Roy Campanella
Jonny Bench
Willie Stargell
Bob Uecker
Bobby Jones
Ted Williams
Dennis Bergkamp
Ken Harrelson
Alex Rodriguez

Chapter 10
楽しむ
Enjoy

写真：Lehtikuva/PANA

アスリートは、スポーツの楽しさに気づかせてくれる存在でもある。
そんな1人として多くの人の記憶に残っているのが、
シドニー五輪女子マラソンを制した高橋尚子選手だろう。
レース直後、高橋は疲れも見せず、
「すごく楽しい42キロでした」と満面の笑みを浮かべて語った。
海外のマスコミの中には、
"Naoko Takahashi took up marathon running because it looked like fun."
（高橋尚子は面白そうだったからマラソンを始めた）との見出しとともに、
その偉業を伝えるものもあった。
この章では、スポーツを愛するアスリートたちのユーモラスな言葉もあわせて紹介する。

Enjoy 01

> **The medals don't mean anything and the glory doesn't last. It's all about your happiness. The rewards are going to come, but my happiness is just loving the sport and having fun performing.**

「メダルに意味はないし、栄光は続かない。すべては幸せの問題。報酬は得られるけれど、私にとっての幸福とは、(メダルでも報酬でもなく) ただスポーツを愛し、競技を楽しむこと」

Jackie Joyner Kersee (ジャッキー・ジョイナー・カーシー) 1962-
アメリカ出身の女子陸上競技選手。ソウル五輪では女子七種競技と走幅跳びの二冠を達成。

◇ it's all about ... は、「すべて〜の問題である」ということ。

Enjoy 02

> **Enjoy your sweat because hard work doesn't guarantee success, but without it, you don't have a chance.**

「楽しんで汗を流すんだ。一生懸命練習したからといって成功するとは限らないが、練習せずしてチャンスは来ないから」

Alex Rodriguez (アレックス・ロドリゲス) 1975-
アメリカ出身の野球選手。ドミニカとの二重国籍。A-Rod の愛称をもつ。

◇ sweat (汗) は「つらい仕事；苦しい練習」のニュアンスももつ。

Enjoy 03

I just don't feel right unless I have a sport to play or at least a way to work up a sweat.

「いそしむスポーツがないと、少なくとも汗をかける何かがないと、しっくりこないんだ」

Hank Aaron (ハンク・アーロン) *1934-*
アメリカ出身の野球選手。通算ホームラン755本の大記録を残す。

◇ work up a sweat は「ひと汗かく」。

Enjoy 04

As long as I have fun playing, the stats will take care of themselves.

「自分が楽しんでプレーしている限り、成績は大丈夫だ」

Ken Griffey Jr. (ケン・グリフィー・ジュニア) *1969-*
アメリカ出身の野球選手。シアトル・マリナーズなどで活躍。

◇ stats は statistics (統計；統計資料) のこと。ここでは、野球の成績のことを指している。気さくで明るい性格で親しまれた選手らしい言葉。

Enjoy 05

> **This is my sanctuary right here. All this hatred and turmoil swirling around us, but this, this is always right. Struggle, survival, victory, and defeat. It's just a game but I love it.**

「ここが私の聖域だ。われわれの周りには憎しみや混乱が渦巻いているが、ここには常に正義がある。戦い、生き残り、勝利、敗北。ただの試合だ。でも、私は試合を愛している」

映画『タイタンズを忘れない』(*Remember the Titans*) より

◇人種間のあつれきが激しかった時代、アメリカ・ヴァージニア州の高校に黒人と白人の混成フットボールチームが設立された。彼らが州の大会で優勝した実話を元にした映画から。デンゼル・ワシントン演じる伝説のコーチが語るセリフ。

Enjoy 06

> **It took me seventeen years to get three thousand hits in baseball. I did it in one afternoon on the golf course.**

「野球では3000ヒットを達成するのに17年かかった。ゴルフコースでは半日で達成したけどね」

Hank Aaron (ハンク・アーロン) *1934-*

アメリカ出身の野球選手。通算ホームラン755本の大記録を残す。

◇野球について独特の表現で語った名選手の言葉。

Enjoy 07

> **If you don't think too good, don't think too much.**

「頭があまり良くないなら、あまり考えるな」

Ted Williams (テッド・ウィリアムズ) *1918-2002*

アメリカ出身の野球選手。MLB史上唯一の4割打者。打撃の神様と称される。

◇He doesn't think too good. は「彼はあまり頭がよくない」という意味。「頭がよくないと思うなら、考えても時間の無駄だ」というシニカルな表現。

Enjoy 08

> **You got to be a man to play baseball for a living, but you got to have a lot of little boy in you, too.**

「野球で食べていくなら、大人の男でなくちゃいけない。だが、同時に少年の心ももっていなくてはいけないんだ」

Roy Campanella(ロイ・キャンパネラ) *1921-1993*
アメリカ出身の野球選手。現役中に自動車事故を起こして下半身不随に。

◇you got to は、you have got toのhaveが省略された形。このlittle boyは「少年」ではなく、「少年らしさ」のこと。boyが複数形にならないのはそのため。

Enjoy 09

> **I was thinking about making a comeback, until I pulled a muscle vacuuming.**

「掃除機をかけて肉離れを起こすまでは、復帰を考えていたよ」

Johnny Bench(ジョニー・ベンチ) *1947-*
アメリカ出身の野球選手。キャッチャーとして活躍。

◇ベンチのもつ「キャッチャーのホームラン記録」をCarlton Fisk(カールトン・フィスク)が破ったことについて感想を求められ、ユーモアを交えて語った言葉。pull a muscleは「肉離れを起こす」。

Enjoy 10

> **It's supposed to be fun. The man says, 'Play ball' not 'Work ball' you know.**

「(野球は) 楽しむべきものなんだ。だって (審判は)『ボールで仕事をしろ』じゃなくて『ボールで遊べ』って言うだろ」

Willie Stargell (ウィリー・スタージェル) *1940-2001*

アメリカ出身の野球選手。ピッツバーグ・パイレーツで活躍。

◇試合開始を告げる審判の言葉が「プレイボール！」であることから。

Enjoy 11

CD-22

> **The best way to catch a knuckleball is to wait until the ball stops rolling and then pick it up.**

「ナックルボールを捕る最善の方法は、ボールが転がり終わるまで待って、それを拾い上げることだ」

Bob Uecker (ボブ・ユッカー) *1935-*

アメリカ出身の野球選手。引退後、スポーツキャスター、俳優として活躍。

◇回転がほとんどなく、不規則な変化をするナックルボールは、キャッチャー泣かせの球種。現役時代、キャッチャーだったユッカーのユニークなひと言。

Enjoy 12

"Hitting is fifty percent above the shoulders."

「ヒットは、50%頭で打つ」

Ted Williams (テッド・ウィリアムズ) *1918-2002*

アメリカ出身の野球選手。MLB史上唯一の4割打者。打撃の神様と称される。

◇above the shoulders＝頭。つまり、頭で考えなければヒットは打てないということ。

Enjoy 13

"An athlete cannot run with money in his pockets. He must run with hope in his heart and dreams in his head."

「アスリートはお金のために走ってはいけない。心に希望を、頭に夢をもって走らなくてはいけない」

Emil Zatopek (エミール・ザトペック) *1922-2000*

チェコ(旧チェコスロバキア)出身のマラソン選手。

◇長い時間、自分と向き合って戦うマラソン選手ならではの味わいのある言葉。

Enjoy 14

> **Baseball is the only field of endeavor where a man can succeed three times out of ten and be considered a good performer.**

「野球とは、10回のうち3回成功すればよい選手と見なされる唯一のフィールドだ」

Ted Williams (テッド・ウィリアムズ) *1918-2002*

アメリカ出身の野球選手。MLB史上唯一の4割打者。打撃の神様と称される。

◇一般的に3割打てれば「よいバッター」とされる野球というスポーツを、ウィッティーに表現した言葉。

言葉の裏側

"How about that!"

何かものすごいものを見たり聞いたりしたときにネイティブがよく口にするのが、How about that!(スゴい!/どんなもんだい!)という表現。もちろんHow about that?(あれはどう?)と、疑問文としても使えるが、興奮したときには感嘆詞にもなるのだ。実はこれ、1939年から1964年までニューヨーク・ヤンキースの専属キャスターを務め、The voice of Yankees(ヤンキースの声)として知られたMel Allen(メル・アレン)が広めた使い方とされている。1949年、ケガから復帰したJoe DiMaggio(ジョー・ディマジオ)は、3試合で3本のホームランを打つ活躍を見せるが、アレンは、ディマジオがホームランを打つ度にこの言葉を叫び、視聴者の心をつかんだ。

Enjoy 15

Behind every kick of the ball there has to be a thought.

「すべてのキックには考えがなければならない」

Dennis Bergkamp（デニス・ベルカンプ）*1969-*

オランダ出身のサッカー選手。イングランドのアーセナルFCなどで活躍。

◇創造性に富んだ華麗なプレーで知られるベルカンプの言葉。

Enjoy 16

Baseball is the only sport I know that when you're on offense, the other team controls the ball.

「野球は、私が知る限り、自分が攻撃するときに相手がボールをコントロールする唯一のスポーツだ」

Ken Harrelson（ケン・ハレルソン）*1941-*

アメリカ出身の野球選手。引退後、コメンテーター、キャスターとしても活躍。

◇言われてみればその通り。バスケットボールもサッカーも、攻撃側がボールを支配している。

Enjoy 17

Competitive sports are played mainly on a five-and-a-half inch court, the space between your ears.

「競技は主に、両耳の間のスペース、5.5インチのコートで行われる」

Bobby Jones (ボビー・ジョーンズ) *1902-1971*
アメリカ出身のゴルファー。生涯アマチュアを通す。

◇「両耳の間」とはつまり「頭」のこと。弁護士でもあったジョーンズの言葉。

Enjoy 18

One of the advantages bowling has over golf is that you seldom lose a bowling ball.

「ゴルフに勝るボウリングの長所のひとつは、めったにボールをなくさずに済むということだ」

Don Carter (ドン・カーター) *1926-2012*
アメリカ出身のボウラー。米国プロボウリング協会の初代会長。

◇ 1950〜60年代に活躍、「ボウリングの神様」と言われたカーターのユニークなひと言。

Chapter 11

Decide

決断する

Michael Jordan
Lee Trevino
Ian Thorpe
Kimiko Date-Krumm
Willie Mays
Magic Johnson
Toe Blake
Diana Nyad
Yogi Berra

Chapter 11
決断する
Decide

アスリート人生には、決断しなくてはいけないときが必ずくる。
最も大きい決断は、自らアスリート人生にピリオドを打つときかもしれない。
「バスケットボールの神様」と呼ばれた Michael Jordan（マイケル・ジョーダン）は、
3度引退し、そのうちの2度復帰。その間には念願の MLB 挑戦を遂げ、
さらには NBA チームのオーナーにもなっている。
その時々で悩み、決断したジョーダンの行動は "I can't accept not trying."
（挑戦しないということは受け入れられない）という信条を全うしたものと言えるだろう。

Decide 01

> I chose to walk away knowing that I can still play the game. And that's what I've always wished for my career to end. That's exactly the way I wanted to end it.

「僕は、まだプレーができると知りながら去る道を選んだ。こうやって自分の選手人生を終わらせたいとずっと望んできたんだ。これこそが僕が求めてきた終わり方だ」

Michael Jordan（マイケル・ジョーダン）*1963-*
アメリカ出身のバスケットボール選手。バスケットボールの神様と称される。

◇ 1999年、2度目の引退会見でのコメント。残り数秒の劇的な逆転シュートでシカゴ・ブルズ2度目の3連覇を決め、現役に別れを告げた。

Decide 02

> If the day ever comes when I can swallow defeat, I'll quit.

「敗北を素直に受け入れることができる日が来たら、私はやめる」

Toe Blake（トー・ブレイク）*1912-1995*
カナダ出身のアイスホッケー選手。後にNHLのコーチ。

◇ swallowは「甘受する；飲み込む」という意味で、ここでは「無条件に受け入れる」ということ。タフさで知られたブレイクの言葉。

Decide 03

> I don't harp on what I've done in the past and this and that. I want to fade away in the trees just like I faded in. I came out of nowhere. I'm going to go out the same way. I'm a blue collar guy. I've always been one of those guys.

「過去に僕がしてきたことをあれやこれやくどくどと繰り返し言うつもりはない。無名の僕は、(コースの) 森からいつの間にか現れたようなものだった。去るときも徐々に森の中に消えて行きたい。同じようにいなくなりたいんだ。僕はブルーカラーの出であり、今も、その辺にいるただの男だ」

Lee Trevino (リー・トレビノ) *1939-*
アメリカ出身のゴルファー。陽気なメキシコ系アメリカ人ゴルファーとして親しまれる。

◇ゴルフの試合でどのように思い出してほしいかと聞かれて。harp on は「くどくど言う；何度も繰り返し言う」という意味。I came out of nowhere. は、言外に「エリートの出ではない」という意味を含んでいる。blue collar は「ブルーカラー (の)；肉体労働者 (の)」。

Decide 04

> **This is another challenge in my life. It's like your back is against the wall. And you have to come out swinging. And I'm swinging.**

「これは僕の人生のもうひとつのチャレンジだ。退路はない。勢い良く前に進まなくてはいけない。そして僕は元気に歩き出している」

Magic Johnson（マジック・ジョンソン）*1959-*
アメリカ出身のバスケットボール選手。NBA屈指のポイントガードとして活躍。

◇ 1991年、HIV感染とともに引退を発表した会見で語った言葉（その後の経過は良好で5年のブランクを経て復帰）。with one's back against the wallは、文字通り「壁に背中をつけて」という意味でも使うが、「土壇場に追い込まれて；進退きわまって」という意味もある。come out swingingは、ボクシングでよく使われる用語で、「最初から攻勢に出る；強気に出る」という意味。

Decide 05

> **This is not the end, this is a new beginning for me.**

「これは終わりではない。私にとっては新たな始まり」

Kimiko Date-Krumm（クルム伊達公子）*1970-*
日本出身のテニス選手。アジア出身女子選手として史上初めて世界トップ10入り。

◇ 1996年に引退、2008年に現役に復帰するが、これは、1996年、コートでの引退セレモニーで行った英語のスピーチから。

Decide 06

> **It's like crying for your mother after she's gone. You cry because you love her. I cried, I guess, because I loved baseball, and I knew I had to leave it.**

「まるで母親が亡くなって泣いているような感じさ。母親を愛しているから泣くんだ。おそらく、野球を愛していたから、そして、そこから去らなくてはいけないと知っていたから泣いたんだ」

Willie Mays (ウィリー・メイズ) *1931-*

アメリカ出身の野球選手。攻守ともに優れ、オールスターにも連続20回出場。

◇引退時のことを振り返って語った言葉。

Decide 07

> **Don't listen to athletes when they say it's over.**

「アスリートが『終わった』と言うとき、彼らの声に耳を傾けてはいけない」

Diana Nyad (ダイアナ・ナイアド) *1949-*

アメリカ出身の女子遠泳選手。

◇キューバからアメリカ・フロリダ州までの遠泳記録に61歳で挑戦、肩の痛みと喘息で断念した後のコメント。47歳で引退して1年後に復帰したパナマ出身のボクサー、Roberto Duran (ロベルト・デュラン) に自分をなぞらえて語った。

Decide 08

"When you come to a fork in the road, take it!"

「分かれ道に来たら、進め!」

> **Yogi Berra** (ヨギ・ベラ) *1925-*
> アメリカ出身の野球選手。MLBでキャッチャーとして活躍。後に監督。

◇forkは「分岐点」。「立ち止まっているなら決断を」という意味の名言として知られているが、実は自分の家を訪れてくる友人への道案内の言葉で、どちらの道を通ってもいずれ同じ道に行き当たることから、この説明をしたとか。ジョーク好きのベラの言葉ゆえ、ユーモア表現としてとらえる見方もある。

言葉の裏側

"Yogiisms"

名言か迷言か——そんな不思議な言葉を数多く残しているのが、アメリカ野球界で知らない者のないYogi Berra (ヨギ・ベラ) だ。たとえば、"As a general comment on baseball: 90% of the game is mental, the other half is physical." (野球でよく言われるのは、試合の90%は精神的なもので、あとの半分は肉体だということだ)。一瞬納得しかけるが、計算は合わない。このほか "I usually take a two hour nap from 1 to 4." (いつも2時間昼寝をする。1時から4時まで) なども有名。ただ、中には "It ain't over till it's over." (終わるまで終わらない) のように、真理かも……と思わせるものもあり、これらの発言はまとめてYogiisms (ヨギイズム) としてアメリカ人に浸透している。ちなみに、It ain't ... はニューヨーク・メッツの監督をつとめていた1973年の発言で、この後、チームは快進撃を開始、ワールドシリーズ進出を果たした。付け加えると、ベラは "I never said most of the things I said." (私の言った多くは言っていない) とも語っていて、言葉の真意は闇の中!?

Decide 09

> **My overall goal in what I'm doing now is to be better than I used to be, that's it.**

「僕が今、何に向かって取り組んでいるかといえば、要するに以前よりよくなること。それだけだ」

Ian Thorpe（イアン・ソープ）*1982-*

オーストラリア出身の競泳選手。2度の五輪で計5つの金メダルを獲得。

◇復帰にあたっての目標を聞かれて。一度引退し、2011年にロンドン五輪出場を目指して復帰するが、出場は叶わなかった。

Decide 10

> **Mentally, I was exhausted. Because I forgot where I was. I forgot how I got there. Being on top for so long, you forget about a lot of the stages and steps that it took to get to that point.**

「精神的に疲れてしまった。自分のいた場所を忘れてしまった。どうやって辿り着いたかも忘れてしまった。頂点に留まり過ぎると、そこに至るさまざまな過程を忘れてしまう」

Michael Jordan（マイケル・ジョーダン）*1963-*

アメリカ出身のバスケットボール選手。バスケットボールの神様と称される。

◇ジョーダンは3度引退宣言をしているが、これはシカゴ・ブルズでの3連覇達成後の1993年、1度目の引退を宣言した当時を振り返って語った言葉。

Chapter

12

Evolve

Chris Evert
Kristi Yamaguchi
Michael Johnson
Jackie Robinson
Vince Lombardi
Pat Riley
Jim Valvano
Babe Ruth
Martina Navrátilová
Satchel Paige
Lou Gehrig
Kevin Garnett
Jesse Owens

人生を考える

Chapter
12
人生を考える
Evolve

写真：AFP＝時事

アスリートは競技を通して社会とつながり、人生を考える。
自らが社会に大きな影響力をもつ存在であることに気づき、
貢献の意識を強くもつようになるアスリートも多い。
写真は、東日本大震災から1年後、シアトル・マリナーズと
オークランド・アスレチックスの選手らが被災地の宮城県石巻市を訪れ、
地元の小学生たちに野球教室を開いたときのもの。
MLBでは、毎年1人、人格者かつ積極的に慈善活動を行った選手を選出、
「ロベルト・クレメンテ賞」を贈っているが、
同賞をMVPより価値あるものと捉える選手も少なくない。

※ロベルト・クレメンテ賞：1972年、地震の被災地ニカラグアに救援物資を運ぶ途中、飛行機事故で亡くなったRobert Clemente (ロベルト・クレメンテ) の名を冠してMLBが設けた賞。当初はコミッショナー賞の名だったが、生前から慈善活動に積極的だったクレメンテに敬意を表し、事故の翌年から改称した。

Evolve 01

What I am, what I have, what I am going to leave behind me—all this I owe to the game of baseball.

「私という存在、私がもっているもの、私が残そうとしているもの——すべてが野球によってもたらされたものだ」

Babe Ruth (ベーブ・ルース) *1895-1948*
アメリカ出身の野球選手。野球の神様と言われ、親しまれた。

◇ owe (something) to ... で「〜のおかげ」。亡くなる少し前に言った言葉とされている。

Evolve 02

Every day, someone realizes a dream. I believe dreams help light our darkness and give us the push we need to move across the rink of life.

「毎日、誰かが夢を実現する。夢は暗闇を照らす助けになり、人生というリンクを渡るのに必要な後押しをしてくれるものだと信じている」

Kristi Yamaguchi (クリスティ・ヤマグチ) *1971-*
アメリカ出身の女子フィギュアスケート選手。アルベールビル五輪金メダリスト。

◇ move across は「横断する」。

Evolve 03

The moment of victory is much too short to live for that and nothing else.

「勝利の瞬間は、ただそれだけに人生を賭けるには短過ぎる」

Martina Navrátilová（マルチナ・ナブラチロワ）*1956-*

チェコ（旧チェコスロバキア）出身の女子テニス選手。ウィンブルドン最多優勝（9勝）などの記録をもつ。

◇ too A to B は「B するには A 過ぎる」の構文。and nothing else は強調。

Evolve 04

Once you learn to quit, it becomes a habit.

「一度あきらめることを覚えたら、クセになる」

Vince Lombardi（ヴィンス・ロンバルディ）*1913-1970*

アメリカ出身。アメリカンフットボールの名コーチ。

◇ スポーツのみならず、すべてに通じる言葉。

Evolve 05

> **Life is often compared to a marathon, but I think it is more like being a sprinter; long stretches of hard work punctuated by brief moments in which we are given the opportunity to perform at our best.**

「人生はしばしばマラソンにたとえられるが、短距離走者のようなもの、といった方が正しいのではないかと思う。長く厳しい練習を経てこそ最高のパフォーマンスを披露する一瞬の機会を与えられるものだからだ」

Michael Johnson (マイケル・ジョンソン) 1967-
アメリカ出身の陸上競技選手。3回の五輪で4つの金メダルを獲得。

◇ここでのpunctuateは「強調する;明確にする」の意味。長きにわたりアメリカの陸上界をけん引したジョンソンの言葉。

Evolve 06

The quality of a person's life is in direct proportion to their commitment to excellence, regardless of their chosen field of endeavor.

「人生の質は、向上するための努力に正比例している。どんな分野であっても同じだ」

Vince Lombardi (ヴィンス・ロンバルディ) *1913-1970*
アメリカ出身。アメリカンフットボールの名コーチ。

◇in direct proportionは「正比例して」ということ。ちなみに「反比例して」はin inverse proportion。

Evolve 07

Don't look back. Something might be gaining on you.

「振り返るな。追いつかれる」

Satchel Paige (サチェル・ペイジ) *1906-1982*
アメリカ出身の野球選手。ニグロリーグからMLBへ。

◇人種差別制度に阻まれながらもひたすら前を向き、MLBへの道を切り開いたペイジの言葉。

Evolve 08

> **I may have been given a bad break, but I've got an awful lot to live for. Today, I consider myself the luckiest man on the face of the earth.**

「私は不運なのかもしれないが、私には、生きがいが山ほどある。今日、私はこの地球上で最も幸運な男だ」

Lou Gehrig (ルー・ゲーリッグ) *1903-1941*
アメリカ出身の野球選手。2130試合の連続出場記録をもつ。

◇1939年7月4日、ヤンキースタジアムで行われた引退式典での有名なスピーチの一節。ALS(筋萎縮性側索硬化症)を発症し、引退。その2年後に他界した。

Evolve 09

> **There are only two options regarding commitment; you're either in or out. There's no such thing as life in-between.**

「関わりには2つの選択肢しかない。関わるか関わらないかだ。その中間の人生などありはしない」

Pat Riley (パット・ライリー) *1945-*
アメリカ出身のバスケットボール選手。後に監督として手腕を発揮。

◇この言葉の意味するところは「やるならとことんやれ」。NBAの3つのチームで最優秀監督賞を受賞、厳しい指導で知られた名将の言葉。

Evolve 10

> **How do you go from where you are to where you want to be? I think you have to have an enthusiasm for life. You have to have a dream, a goal, and you have to be willing to work for it.**

「今いる場所からどう進み、どこへ行きたいのか。人生には情熱が必要だ。夢、目標ももたなくてはいけない。そしてすすんで努力しなくてはいけない」

Jim Valvano (ジム・ヴァルヴァーノ) 1946-1993

アメリカ出身のバスケットボール選手。後に大学チームのコーチ。

◇ガンの宣告を受けた9カ月後に行われたESPNのアーサー・アッシュ賞受賞式でのスピーチ。この2カ月後に他界。

言葉の裏側

"It ain't over 'til the fat lady sings."

日常会話でも「まだ終わっていないよ。あきらめないで」という意味でよく使われるのが、It ain't over 'til the fat lady sings.という表現。直訳すれば「太った女性が歌うまで終わらない」で、ワグナーのオペラでは、最後にふくよかな女性歌手が歌うのが慣例になっていることからきている。この言葉を最初に言ったのは、長年スポーツキャスターをつとめた Dan Cook(ダン・クック)。1978年4月、NBAのサンアントニオ・スパーズ対シカゴ・ブルズ戦の実況中、1ゲームを落としていたスパーズのファンを、「シリーズは終わっていない。まだ望みを捨ててはいけない」と鼓舞した。実は、この2年前にすでにコラムで書いたフレーズだそうだが、クックによれば、この表現は、ヨギ・ベラの名言 "It ain't over till it's over." (p.153) の真似だとか。

Evolve 11

I'm from the bottom, I understand what it's like to have and to not have. My perception on giving is to put yourself in those people's shoes and go from there.

「僕はどん底から這い上がった。持つことと持たざることがどんなものかわかっている。"与える" ということは、人の立場に立ってどうするかを考えることから始めるものだと信じている」

Kevin Garnett (ケヴィン・ガーネット) *1976-*
アメリカ出身のバスケットボール選手。オールラウンダーとして活躍。

◇ to have and to not have（持つことと持たざること）は、つまりお金があるかないかということ。put oneself in someone's shoes は「〜の立場になって考える」。go from there は「そこに立ってからどうするかを考える」という意味。2005年、ハリケーン「カトリーナ」の被災地に多額の寄付をした際の言葉。貧しい母子家庭で育ったガーネットならではのコメント。

Evolve 12

Football is like life, it requires perseverance, self-denial, hard work, sacrifice, dedication and respect for authority.

「フットボールは人生のようなもの。忍耐、自制、がんばり、犠牲、献身、権威への敬意が求められる」

Vince Lombardi (ヴィンス・ロンバルディ) *1913-1970*

アメリカ出身。アメリカンフットボールの名コーチ。

◇ denial は「否定」だが、self-denial は「自己否定」というより「自制；無私」のニュアンス。

Evolve 13

If you can react the same way to winning and losing, that's a big accomplishment. That quality is important because it stays with you the rest of your life.

「勝ちにも負けにも同じように向き合えるようになれたら、それは偉大な成果である。残りの人生においても、それは大切な資質だ」

Chris Evert (クリス・エバート) *1954-*

アメリカ出身の女子テニス選手。冷静沈着なプレーで Ice Doll (アイスドール) と呼ばれた。

◇ この後、エバートは、「テニス引退後の人生のほうがずっと長いから、大事なこと」だと言っている。

Evolve 14

> In the end, it's extra effort that separates a winner from second place. But winning takes a lot more than that, too. It starts with complete command of the fundamentals. Then it takes desire, determination, discipline, and self-sacrifice. And finally, it takes a great deal of love, fairness and respect for your fellow man. Put all these together, and even if you don't win, how can you lose?

「結局、1位と2位を分けるのは、あと一歩の努力だ。しかし、勝利にはさらに多くのものが必要である。まずは基本を完璧にマスターしていること。そして情熱、意志、鍛錬、自己犠牲が要る。さらに必要なのが、大きな愛と正義、仲間への尊敬だ。これらすべてがそろったら、たとえ試合で勝たなくても、負けたことにはならないはずだ」

Jesse Owens (ジェシー・オーウェンス) *1913-1980*
アメリカ出身の陸上競技選手。ベルリン五輪で4冠達成。

◇commandは「意のままに自由に操る」ということ。競技では負けても、人生という長いスパンで見れば、別の見方があると説く言葉。

Evolve 15

A life is not important except in the impact it has on other lives.

「他人の人生に影響をもたらしてこそ人生には意味がある」

Jackie Robinson (ジャッキー・ロビンソン) *1919-1972*
アメリカ出身の野球選手。ブラックアフリカン選手のパイオニア的存在。

◇直訳すれば「他人の人生に与える影響以外に人生に意味はない」。有色人種選手にMLB参加の道を開いたロビンソンらしい言葉。彼の墓碑にも刻まれている。

参考資料

BOOK

1001 Motivational Messages and Quotes for Athletes and Coaches: Teaching Character Through Sport
(Bruce Eamon Brown, Coaches Choice, 2000)

A Lifetime of Observation and Reflection on and off the Court
(Steve Jamison and John Wooden, NTC / Contemporary Publishing Group, Inc., 1997)

Boston Red Sox and the Meaning of Life
(Mark Rucker, MVP Books, 2009)

Daniels' Running Formula
(Jack Daniels, Human Kinetics, 2005)

Go For the Goal: A Chapion's Guide To Winning In Soccer And Life
(Mia Hamm and Heifetz, It Books, 2000)

It Ain't Over 'Til It's Over: The Baseball Prospectus Pennant Race Book
(Baseball Prospectus and Steven Goldman, Basic Books, 2007)

Optimal Thinking: How to Be Your Best Self
(Rosalene Glickman, Wiley, 2002)

The Gigantic Book of Baseball Quotations
(Wayne Stewart, Skyhorse Publishing, 2007)

The Pursuit: Wisdom for the Adventure of Your Life
(Pat Williams and Jim Denney, Regal, 2008)

The Quotable Coach
(Thom Loverro, Career Press, Inc., 2002)

The Story Behind the Glory: Winning Quotes from Sports Greats on the Game of Life
(Bill Cairo, Turano Zimmerman Publishing, 2008)

Who's Better, Who's Best in Golf?
(Elliott Kalb, McGraw-Hill, 2006)

Winning Every Day: The Game Plan for Success
(Lou Holtz, Harper Business, 1999)

Winning Words: Classic Quotes from the World of Sports
(Michael Benson, Taylor Trade Publishing, 2008)

DVD

マイケル・ジョーダン／HIS AIRNESS　特別版
(2000年／アメリカ／原題：MICHAEL JORDAN：HIS AIRNESS)

『タイタンズを忘れない』
(2000年／アメリカ／原題：REMEMBER THE TITANS)

TV

『錦織・クルム伊達それぞれの世界挑戦2011』／ WOWOWプライム
・放送日　2011年12月23日

Website

http://articles.chicagotribune.com

http://beta.egpnews.com

http://berlin.iaaf.org

http://diananyad.com

http://edition.cnn.com/ASIANOW/time/

http://number.bunshun.jp/articles

http://nz.sports.yahoo.com/galleries

http://soccernet.espn.go.com

http://sports.espn.go.com

http://sports.espn.go.com/mlb

http://sports.espn.go.com/nba

http://sports.espn.go.com/ncb

http://sportsillustrated.cnn.com

http://www.andreagassi.com

http://www.bbc.co.uk/blogs

http://www.bbc.co.uk/sport

http://www.cbsnews.com

http://www.cmgww.com/sports

http://www.coachwooden.com

http://www.dondrysdale.com

http://www.espn.co.uk/football

http://www.forbes.com

http://www.golfwrx.com

http://www.guardian.co.uk

http://www.hoophall.com/hall-of-famers

http://www.jesseowens.com

http://www.marioandretti.com

http://www.miamiherald.com

http://www.nba.com/jordan

http://www.nba.com/video/

http://www.olympic.org

http://www.usatf.org

http://www.usatoday.com/sports

http://www.vincelombardi.com

INDEX 人名索引

※ ファミリーネームのアルファベット順に並んでいます。

A

Aaron, Hank	104, 138, 140
Agassi, Andre	18, 60
Ali, Muhammad	19, 43, 88, 90, 97, 100, 109, 112
Anderson, Sparky	132
Andretti, Mario	37, 115
Armstrong, Lance	116, 120
Ashe, Arthur	77, 105, 122

B

Bannister, Roger	25
Beard, Amanda	64
Bench, Johnny	141
Bergkamp, Dennis	145
Berra, Yogi	153
Bird, Larry	20, 85
Blackledge, Todd	21
Blaik, Red	133
Blake, Toe	149
Bolt, Tommy	106
Bowman, Scotty	99
Bradley, Bill	92
Bradshaw, Terry	99
Brock, Lou	44
Bryant, Kobe	113
Bryant, Paul "Bear"	93, 127

C

Campanella, Roy	141
Carter, Don	146
Chamberlain, Wilt	59
Chang, Michael	71
Charlton, Bobby	91
Clough, Brian	106

D

Daniels, Jack	81
Date-Krumm, Kimiko	151
Dempsey, Jack	85
Ditka, Mike	52
Djokovic, Novak	87
Doherty, Ken	21
Dorrance, Anson	89
Drysdale, Don	64

E

Edwards, Jonathan	62
Evert, Chris	61, 164

F

Farah, Mohamed	14

G

Gable, Dan	93
Garnett, Kevin	75, 77, 163
Gehrig, Lou	161
Graf, Steffi	103, 110
Greene, Maurice	13, 113
Gretzky, Wayne	16, 69, 78
Griffey Jr., Ken	138
Griffith-Joyner, Florence	14, 44
Gruden, Jon	32

H

Halas, George	63, 118
Hall, Ryan	110
Hamm, Mia	122, 130
Harrelson, Ken	145
Hingis, Martina	53
Holtz, Lou	15, 100, 129
Holyfield, Evander	48, 92

I

Ibrahimovic, Zlatan	89
Ikangaa, Juma	17
Ivanisevic, Goran	90
Iverson, Allen	47

J

Jackson, Bo	29
Jackson, Reggie	70, 101
Jenner, Bruce	40
Jennings, Lynn	23
Johnson, Magic	127, 151
Johnson, Michael	32, 76, 78, 94, 159
Jones, Bobby	112, 146
Jordan, Michael	13, 36, 54, 80, 81, 109, 111, 126, 149, 154

K

Kersee, Jackie Joyner	137
Killy, Jean-Claude	22
King, Billie Jean	34, 87
Knight, Ray	66

L

Lasorda, Tommy	48, 134
Levy, Marv	117
Lewis, Carl	26, 57, 63, 76

Lindros, Eric	19		**P**	
Lombardi, Vince	17, 34, 46, 61, 68, 97, 119, 121, 125, 126, 128, 158, 160, 164		Paige, Satchel	114, 160
			Palmer, Arnold	82
			Paterno, Joe	69
			Pele	16
			Perkins, Kieren	114
M			Phelps, Michael	29, 49
Manning, Peyton	80		Pleat, David	59
Mays, Willie	51, 102, 152			
McGwire, Mark	49		**R**	
			Rice, Homer	47
N			Richardson, Dot	86
Namath, Joe	18, 45		Riley, Pat	68, 161
Navrátilová, Martina	58, 105, 158		Robinson, Brooks	22
Nicklaus, Jack	65		Robinson, Eddie	133
Norman, Greg	35		Robinson, Jackie	166
Nyad, Diana	75, 152		Rockne, Knute	132
			Rodman, Dennis	117
O			Rodriguez, Alex	137
			Ronaldo	60
Ochoa, Lorena	50		Ruth, Babe	131, 157
Okamoto, Ayako	31			
O'Neal, Shaquille	35		**S**	
Owen, Michael	37			
Owens, Jesse	165		Sampras, Pete	67, 70
			Scott, Dave	30
			Shero, Fred	125

Smith, Stan	52
Snead, Sam	20
Snider, Duke	38
Stargell, Willie	142
Switzer, Barry	39

T

Tanner, Chuck	72
Thorpe, Ian	57, 154
Trevino, Lee	23, 150
Tyson, Mike	79

U

Uecker, Bob	142

V

Valvano, Jim	162

W

Walker, Herschel	24
Wenger, Arsène	26, 102
Wilkens, Lenny	118
Wilkinson, Bud	94
Williams, Serena	15, 33
Williams, Ted	140, 143, 144
Williams, Venus	46, 58
Wooden, John	33, 39, 54, 62, 101, 116, 121
Woods, Tiger	30, 43, 66, 98

Y

Yamaguchi, Kristi	157
Young, Steve	38

Z

Zaharias, Babe Didrikson	128
Zatopek, Emil	143

その他
Remember the Titans   139

■著者紹介

デイビッド・セイン *David A. Thayne*

米国生まれ。著書は『その英語、ネイティブにはこう聞こえます』(主婦の友社)、『英語ライティングルールブック』(DHC)、『日本人のちょっとヘンな英語』(アスコム)など多数。現在、英語を中心テーマとしてさまざまな企画を実現するエートゥーゼット(http://www.atozenglish.jp)を主宰。エートゥーゼット英語学校校長も務める。

佐藤淳子 *Junko Sato*

旅行業界誌副編集長を経て、フリーランスに。旅行、語学、インタビューを中心に執筆および編集を手がける。著書に『単語でカンタン！旅行英会話』(共著／Jリサーチ出版)、デイビッド・セイン氏との共著に『敬語の英語』(ジャパンタイムズ)、『世界のトップリーダー英語名言集』(Jリサーチ出版)などがある。

カバーデザイン	滝デザイン事務所
本文デザイン／DTP	土橋公政 (DICE DESIGN)
写真提供	PANA通信社
カバー／本文イラスト	fotolia.com

J新書㉖
世界のトップアスリート 英語名言集

平成24年(2012年)8月10日発売　初版第1刷発行

著　者　デイビッド・セイン／佐藤淳子
発行人　福田富与
発行所　有限会社　Jリサーチ出版
　　　　〒166-0002　東京都杉並区高円寺北2-29-14-705
　　　　電話 03 (6808) 8801 (代)　FAX 03 (5364) 5310
　　　　編集部 03 (6808) 8806
　　　　http://www.jresearch.co.jp
印刷所　(株)シナノ パブリッシング プレス

ISBN978-4-86392-111-5　禁無断転載。なお、乱丁・落丁はお取り替えいたします。
Copyright©2012 AtoZ, Junko Sato. All rights reserved.

全国書店にて好評発売中!

元NHKラジオ講師 リサ・ヴォートの
英語リスニングの本

CD付、コンパクトサイズ、定価1050円(税込)

とっても
わかりやすいと
大評判

【J新書23】
映画のセリフもどんどんキャッチできる
魔法の英語 耳づくり
聞き取れない音をゼロにする集中耳トレ120

CD付

アルファベットごとに英語特有の聞き取りづらい音の連結・消失パターンを集中トレーニング。ネイティブのナチュラルな会話がしっかり聞き取れる力が身につきます。

リサ・ヴォート 著
定価1050円(税込)

(日本テレビ系『世界一受けたい授業』に英語の先生役として出演)

商品の詳細はホームページへ　[Jリサーチ出版]　【検索】

://www.jresearch.co.jp　**Jリサーチ出版**　〒166-0002 東京都杉並区高円寺北2-29-14-705
TEL03-6808-8801 FAX03-5364-5310

基礎から学べる、自分にピッタリの英語勉強本 発見！
ゼロからスタート英語シリーズ

ゼロからスタートシリーズは７５万部を超える人気シリーズです。
語学の入門書として、わかりやすい解説、大きな活字、ネイティブによるCD音声など
すぐに使えるように工夫されたテキストです。

単語は例文を使ってしっかり身につける

● だれにでも覚えられるゼッタイ基礎ボキャブラリー

ゼロからスタート英単語 BASIC 1400 (CD2枚付)

１冊で実用英語の基本語を全てカバー。例文は日常会話でそのまま使えるものばかり。CDに見出し語を英語で、意味を日本語で、例文を英語で収録。

成重 寿・妻鳥 千鶴子 共著　A5変型／定価1470円(税込)

10万部突破の大人気英会話書

● だれにでも話せる基本フレーズ50とミニ英会話

ゼロからスタート英会話 (CD付)

英会話を基礎から学習するための入門書。５０の基本フレーズと４５のシーン別ミニ英会話を収録。CDには講義と発音、実際に話す練習ができるロールプレイつき。聞くだけでも英会話学習ができる内容。

妻鳥 千鶴子 著　A5判／定価1470円(税込)

23万部突破の大人気文法書

● だれにでもわかる鬼コーチの英語講義

ゼロからスタート英文法 (CD付)

英語カリスマ講師の基本英文法講義をまるごと１冊に収録。「英文法がよくわかった」と大好評。これから英語を始める人、短時間で文法のやり直しをしたい人にピッタリです。CDは聞くだけで総復習ができるように解説と例文を収録。

安河内 哲也 著　A5判／定価1470円(税込)

日本人のための、リスニング学習書

● だれにでもできる英語の耳づくりトレーニング

ゼロからスタートリスニング (CD2枚付)

英語リスニング入門者のために書かれた、カリスマ講師によるトレーニングブック。英語が"聞き取れない耳"を"聞き取れる耳"へ改造してしまう１冊。CDには日本語で講義を、英語で例文・エクササイズを収録。

安河内 哲也 著　A5判／定価1470円(税込)

ネイティブはカンタンな動詞を使っている！

● 動詞70のコアイメージをつかめば英語力がぐんとアップする！

ゼロからスタート基本動詞 (CD2枚付)

ネイティブの会話やメールには基本動詞を多用。本書は使用頻度順1000語の中から70語をさらに精選。動詞の本来持っているコアイメージをつかむことでさらに理解が深まる。CD2枚には例文の後にリピートポーズ入り。

妻鳥 千鶴子 著　A5判／定価1470円(税込)

英語の発音はだれにでも身につけられる！

● 大事な音から順番に身につける

ゼロからスタート英語発音 (CD2枚付) 猛特訓 14日間学習プログラム付

英語の大事な音から順に、14日間で効率よく学習できるプログラムで構成。日本人によくわかる方法で徹底的に解説。CD２枚には音声練習を収録。

関口 敏行 著　A5判／定価1470円(税込)

全国書店にて好評発売中！

商品の詳細はホームページへ　Jリサーチ出版　検索

http://www.jresearch.co.jp　Jリサーチ出版
〒166-0002 東京都杉並区高円寺北2-29-1
TEL03-6808-8801 FAX03-5364-